Эта книга поможет вам сделать свою городскую квартиру жилищем, которому будут сопутствовать удача, процветание и мир. Используя принципы *фэншуй*, вы станете жить в гармонии с природой. Вы почувствуете себя более удовлетворенным жизнью, более счастливым, всего лишь переместив некоторые предметы мебели или осветив темный угол комнаты. Повернитесь лицом к *фэншуй*, и фортуна улыбнется вам.

ФЭНШУЙ
ДЛЯ ГОРОДСКОЙ КВАРТИРЫ

Ричард Вебстер

Санкт-Петербург
Издательство «Тимошка»
2000

ББК 88.6
В 26

Ответственный редактор
И. Ю. Куберский

Перевел с английского
П. В. Перлин

Дизайн обложки
и компьютерная верстка
С. В. Байковой

Translated from Feng Shui for Apartment Living
Copyright © 1998 Richard Webster
Published by Llewellyn Publications
St. Paul, MN 55164 USA

© Издательство «Тимошка»,
перевод на русский язык, оформление, 1999

Все права на русское издание этой книги
принадлежат издательству «Тимошка»

ISBN 5-88801-098-7

*Посвящается
Райли Дж.,
детективу-экстрасенсу и другу*

*Я хотел бы выразить
свою глубокую благодарность
Тай Лао за помощь и советы.*

ВВЕДЕНИЕ

Много тысяч лет назад древние китайцы обнаружили: если человек не борется с природой, а живет в гармонии с ней, то качество его жизни заметно улучшается. Они выяснили, что жизнь течет более гладко, если дом обращен фасадом к солнцу и защищен от холодных северных ветров холмами. Естественно, хорошо, чтобы перед домом неспешно протекал ручей.

Год за годом проверялись различные идеи, и со временем сформировались основные принципы *фэншуй*. Этому искусству примерно пять тысяч лет. Никто точно не знает, кто и как положил ему начало. Основание *фэншуй* приписывают У из Ся, первому из трех мифических императоров Китая.

Согласно легенде, У проводил ирригационные работы на Желтой Реке. Однажды из нее выползла гигантская черепаха. Это сочли благоприятным знамением, так как в те времена считалось, что под панцирем черепах живут боги. Когда же У присмотрелся повнимательнее, он увидел на спине черепахи правильный магический квадрат, образованный линиями панциря (рис. 1). В нем сумма чисел в каждом из вертикальных, горизонтальных рядов и диагоналей равнялась 15. Это было так необычно, что У созвал мудрецов для изучения черепахи. В результате совещания мудрых появились не только *фэншуй*, но также и *Ицзин* (Так называемая Книга перемен. — *Прим. пер.*), китайская астрология и нумерология. Таким образом, *фэншуй* не был выдуман сторонниками движения Новый век, *фэншуй* насчитывает уже тысячи лет.

4	9	2
3	5	7
8	1	6

Рис. 1. Магический квадрат.

В Китае существует пословица, из которой понятно, насколько искусство *фэншуй* важно для китайцев. «Во-первых, судьба, во-вторых, удача. В-третьих, *фэншуй*, за которым идут благотворительность и образование». Наша судьба открывается нам через гороскоп, показывающий наши сильные и слабые стороны. Удачу определить сложнее, но китайцы верят в то, что могут привлечь ее, работая над остальными четырьмя принципами. Можно сказать, что удача это такое состояние разума, в котором мы притягиваем то, о чем думаем. На третьем месте стоит *фэншуй*, с помощью которого мы можем жить в гармонии со вселенной. Затем — благотворительность. Древние китайские философские и религиозные трактаты отмечают, что человек должен давать бескорыстно. И, наконец, у нас есть образование, которое должно продолжаться всю нашу жизнь.

Жители Запада познакомились с *фэншуй* лишь двадцать пять лет назад. Представители восточных цивилизаций настолько ценили *фэншуй*, что сознательно скрывали от чужих это искусство. За последнее время азиаты расселились по всему миру, принося *фэншуй* в свои новые дома. Сегодня разговоры о *фэншуй* можно услышать не только в Гонконге, Куала-Лумпуре и Сингапуре, но и в Сан-Франциско, Москве и Буэнос-Айресе.

В наши дни немногие могут позволить себе устроить свое жилище так, чтобы оно было обращено на юг, позади него находились холмы, а перед крыльцом протекал журчащий ручей. Такой идеальный дом многим из нас лишь снится. Миллионы людей по всему миру живут в многоквартирных домах. Там, где существует жилищная проблема, людям часто не остается ничего другого, как согласиться на первую же подвернувшуюся квартиру. Они могут ощущать свою беспомощность и неспособность хоть как-то улучшить среду своего обитания.

К счастью, *фэншуй* помогает тем, кто живет в городских квартирах, не меньше, чем всем остальным. На самом деле, здесь он оказывается даже более полезным, поскольку те, кто живет в квартирах, испытывают в нем более острую потребность, чем обитатели отдельных домов.

Применив принципы *фэншуй* в своей квартире, вы сможете жить в гармонии с природой. *Фэншуй* принесет в вашу повседневную жизнь больше удовлетворения, счастья и даже изобилия.

ГЛАВА 1

ЧТО ТАКОЕ ФЭНШУЙ?

Дословно *фэншуй* означает «ветер и вода». Это искусство жить в гармонии с природой. Когда мы пребываем в гармонии со всем живым, наша жизнь течет более плавно, и мы с большей легкостью достигаем намеченных целей. То, где мы живем и как обустраиваем каждую из своих комнат, может оказать огромное влияние на качество нашей жизни.

Одно время наша семья жила в бедной части города. Поскольку место было низкое, зимой по утрам над улицей висел плотный смог. Ветер нередко приносил ядовито-желтый туман и мерзкий запах канализационного отстойника в нескольких милях. Все время пока мы там жили, я испытывал упадок физических и душевных сил. Место обитания всегда очень влияло на мою жизнь. Когда дела семьи пошли на лад, мы переехали в лучшую часть города и немедленно ощутили прилив энтузиазма и энергии. Плохое местоположение отнимало у нас энергию, а новое, хорошее, стало увеличивать ее.

Мы не всегда можем сменить неблагополучное место проживания, но мы в силах изменить *фэншуй* внутри жилья. Превращая свою квартиру в дом, а не просто в место, где мы ночуем, мы становимся на путь привнесения положительных с точки зрения *фэншуй* изменений в свое жилище. Иногда для этого достаточно переставить мебель и улучшить освещение в темных углах.

Я уверен, вы бывали в местах, где сразу чувствуешь себя уютно, как дома. Без сомнения, бывали вы и в таких местах, где сразу ощущаешь смутное неудобство. Первый пример — это квартира с хорошим *фэншуй*, второй — с плохим. Однако, произведя некоторые изменения в обстановке, вы можете сделать вторую, неуютную, квартиру не менее привлекательной, чем первая.

При помощи *фэншуй* мы можем сделать свою квартиру более похожей на настоящий дом. Сбалансировав пространство своего жилья, сделав его гармоничным, мы становимся более счастливыми, здоровыми и преуспевающими во всех областях своей жизни.

Мы начинаем пожинать эти плоды, когда овладеваем энергией *ци*.

ЦИ

Ци — это универсальная жизненная сила, присутствующая во всех живых существах. Она создается разными способами. Медленно текущая вода в изобилии создает *ци*. Именно поэтому мы чувствуем себя такими посвежевшими, проведя немного времени у фонтана, пруда или озера. Легкий ветерок тоже приносит *ци*. Бури же и ураганы, как и стремительные водные потоки, уносят *ци* прочь. Когда *ци* уносится прочь, удача отворачивается от нас.

Все совершенное создает *ци*. Искусный музыкант во время игры создает *ци*; при успешном выступлении хорошего гимнаста тоже возникает *ци*.

В природе *ци* образуется постоянно. Красота величественного горного пика или зеленого луга создает и привлекает *ци*. Безымянный автор XVII века написал, что *ци* присутствует в местах, где «холмы невысоки, вода чиста, солнце приятно, ветер нежен; в небесах свет новый; иной мир. Там посреди сутолоки покой; в покое воздух праздника. Когда кто-то попадает в это место, его глаза открываются; сидит он или лежит, на сердце у него радость. Здесь собирается *ци* и накапливается аромат. Свет сияет, и волшебство распространяется вовне».

Ци может застаиваться. Зацветший пруд с протухшей водой создает *ци* со свойствами *ша*, то есть, негативную энергию, которая отпугивает удачу.

Мы хотим, чтобы в наше жилище попадало как можно больше положительной энергии, а мы бы благодаря этому процветали и были полны жизненных сил.

ИНЬ И ЯН

Ци можно разделить на *инь* и *ян*. Это две противоположные стороны вселенной; одна не существует без другой. Пример такой оппозиции — верх и низ. Если бы не было низа, не было бы и верха. Символ *инь* и *ян* — круг, в который вписаны две фигуры, похожие на головастиков. Один из них (*ян*) черный с белой точкой, а второй (*инь*) — белый с черной точкой. Точка противоположного цвета свидетельствует о том, что в *инь* всегда присутствует некоторое количество *ян*, и наоборот. Символ *инь-ян* — это даосский символ вселенной (Рис. 2).

Инь и *ян* это взаимодополняющие, а не противостоящие друг другу элементы. *Инь* — темное, пассивное, женское. *Ян* — светлое, активное, мужское. Вместе они создают гармоничное сочетание.

РИС. 2. СИМВОЛ ИНЬ/ЯН

Древние не определяли *инь* и *ян*. Они предпочитали составлять списки противоположностей, и на Востоке до сих пор любят этим заниматься.

Вот еще несколько примеров:

Мужское и женское

Старое и молодое

Высокое и низкое

Смерть и жизнь

Черное и белое

Внешнее и внутреннее

Экстроверт и интроверт

Отец и мать

Горячее и холодное

Лето и зима

Небо и земля

Ночь и день

Горы и долины

Последняя противоположность часто становится предметом обсуждения в *фэншуй*. Если местность слишком гористая, о ней говорят как о «слишком *ян*». О совершенно плоской равнине — как о «слишком *инь*».

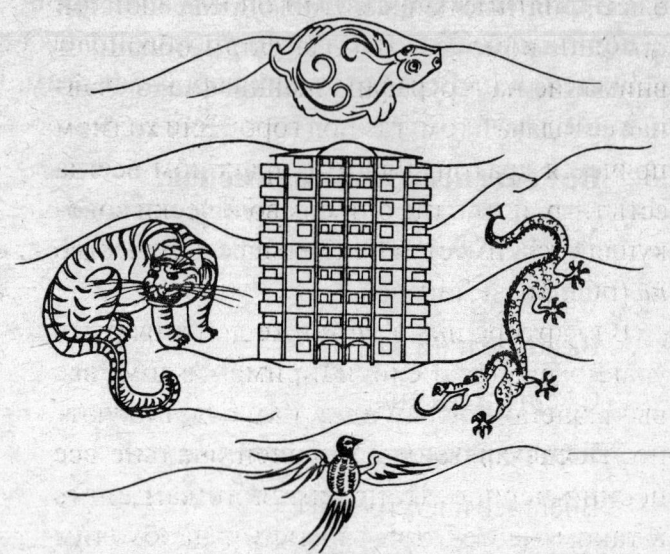

Рис. 3. Четыре символических животных

В *фэншуй* необходим баланс, поэтому слишком ровную местность можно исправить, разместив на ней камни, статуи или пагоду. Более того, пагоды и были придуманы именно как средства исправления *инь*ского ландшафта.

Инь и *ян* связаны также с символическими белым тигром и зеленым драконом. Дракон символизирует мужское начало и энергию *ян*. Тигр — женское и *инь*. В *фэншуй* существует две основные школы: школа компаса и школа форм. В школе компаса благоприятные направления определяют при помощи компаса. Школа форм обращает внимание на географию ландшафта, а главная ее задача в том, где под горой или холмом прячется дракон. Рядом с драконом всегда есть тигр, и там, где они символически совокупляются, имеется наибольшее количество *ци* (рис. 3).

В квартире *инь* и *ян* также должны быть уравновешены. Если, например, в доме все выкрашено в белый цвет, нам будет неуютно. Представьте, что в вашей спальне все иссиня-черное. Понравится ли вам спать в таком месте? Для гармонии необходим баланс.

ПЯТЬ ЭЛЕМЕНТОВ

В *фэншуй* используются пять традиционных элементов китайской астрологии: огонь, земля, металл, вода и дерево. Все в мире относится к одному из этих элементов. В своем китайском гороскопе вы найдете большинство из этих элементов, поскольку с ними соотносятся год, месяц, день и час вашего рождения. Элемент года своего рождения вы можете определить с помощью таблицы в Приложении.

Огонь

Цвет: красный
Направление: юг

Огонь энергичный, вдохновляющий, отзывчивый. Кроме того, он целеустремленный, восторженный и разумный. Людям огня необходимы постоянные перемены в жизни. Люди огня полны энтузиазма, они предприимчивы и необузданны. Если у вашего дома треугольная форма или много углов и выступов, значит, вы живете в доме огня.

Земля

Цвет: желтый
Направление: центр

Земля искренна, предана, добра и надежна. Земле нравится нести ответственность. Она прочна и устойчива. Люди земли любят помогать другим. Если ваш дом квадратный и приземистый, то он считается домом земли.

Металл

Цвет: белый и металлические цвета
Направление: запад

Неудивительно, что металл связан с изобилием и материальным успехом. Кроме того, он связан с ясным мышлением и вниманием к деталям. Люди металла любят планировать свою жизнь и наилучшим образом работают в окружении красивых вещей. Если ваш дом имеет полукруглую или изогнутую форму, — это дом металла.

Вода

Цвет: черный и синий
Направление: север

Вода связана с общественной деятельностью и абсолютной мудростью. Она обладает интуицией и чувствительностью. Люди воды интересуются духовными вопросами и любят учиться. Если ваш дом кажется бесформенным, например, из-за того, что его достраивали, то он имеет форму воды.

Дерево

Цвет: зеленый
Направление: восток

Дерево созидательно, заботливо, склонно к семейной жизни и гибко в своих подходах.

Оно связано с ростом. Люди дерева любят сложные задачи. Если вы живете в высотном доме, то этот дом имеет форму дерева.

ЦИКЛЫ

Пять элементов можно представить в форме циклов. Первый из них называют циклом порождения. В нем каждый предыдущий элемент способствует возникновению последующего. Так, дерево сгорает, питая огонь. Огонь оставляет после себя землю. Из земли мы получаем металл. Металл плавится, становясь жидким, как вода. Вода питает дерево. Дерево сгорает, создавая огонь (рис. 4).

Цикл разрушения противоположен предыдущему. Огонь плавит и уничтожает металл. Металл уничтожает дерево. Дерево высасывает соки из земли, ослабляя ее. Земля впитывает и ослабляет воду. Вода гасит огонь (рис. 5).

Мы можем использовать эти циклы в своей квартире, задействовав те элементы, которые наиболее нам соответствуют. Например, если вы родились под элементом огня, вам следует держать в доме растения в горшках или какие-то зеленые предметы

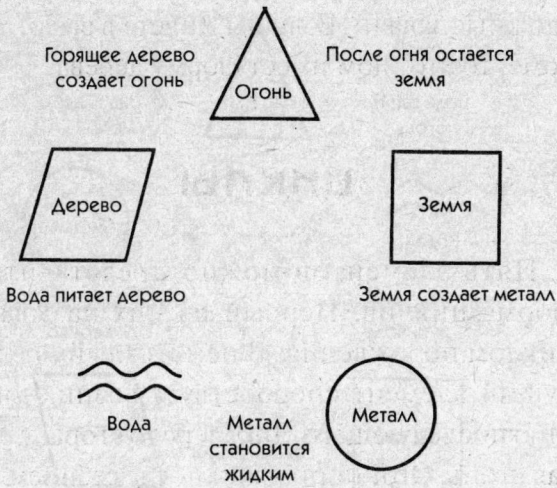

Рис. 4. Цикл порождения пяти элементов

(поскольку дерево порождает огонь). Однако у вас в доме не должно быть много воды (аквариумов, искусственных фонтанов и т. п.), а также предметов черного и синего цветов (поскольку в цикле разрушения вода гасит огонь). Вы будете хорошо спать в спальне, расположенной в южной части дома (поскольку юг — направление, соответствующее элементу огня).

Вот еще один пример: если вы родились в год металла, в вашей квартире должны быть

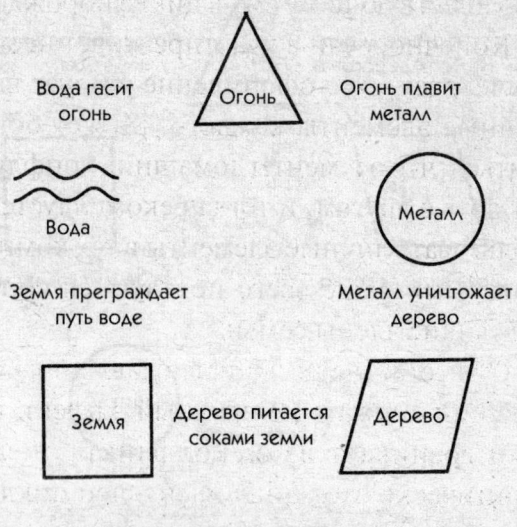

Рис. 5. Цикл разрушения пяти элементов

предметы из земли (она порождает металл в цикле порождения). Это могут быть предметы желтого цвета или керамика. Кроме того, вам следует держать в квартире поменьше красного (огонь плавит металл). Вы будете хорошо спать в спальне, расположенной в западной части дома (запад соответствует металлу).

Вообще в оформлении квартиры хорошо использовать предметы, соответствующие элементу года вашего рождения. А жилье рекомендуется выбирать в доме, форма которого соответствует вашему элементу или предшествующему ему в цикле порождения.

Конечно, если в квартире живет несколько человек, в ее оформление следует ввести личные элементы каждого. Может обнаружиться, что элементы домашних конфликтуют друг с другом, и тогда рекомендуется использовать личные элементы в тех комнатах, которыми чаще всего пользуются соответствующие члены семьи.

Существует еще и цикл подавления, помогающий снижать негативный эффект, который возникает из-за конфликта энергий. Фактически этот цикл идентичен циклу порождения. Два соседствующих в цикле разрушения элемента стремятся уничтожить друг друга. Мы можем ослабить или даже нейтрализовать разрушительный эффект, использовав элемент, который стоит между ними в цикле подавления.

Например, двое живущих в квартире принадлежат к элементам металла и дерева; по всей видимости, такая ситуация чревата конфликтом. Однако, посмотрев на цикл подавления, мы видим, что ситуацию может исправить вода. Поэтому все, что необходимо этим двоим для гармоничного сосуществования, — это аквариум или миниатюрный фонтан в квартире.

ША

Ша — это «отравленные стрелы», негативные энергии, созданные прямыми линиями или острыми углами, направленными на вас. Самый распространенный пример *ша* — прямая дорожка, идущая прямо к дверям многоквартирного дома (рис. 6). Она создает *ша*, которое повлияет на качество жизни всех, кто живет в этом доме.

Древние китайцы верили, что духи могут перемещаться только по прямой. Именно поэтому на Востоке можно встретить зигзагообразные мосты над декоративными озерцами (рис. 7). Они выглядят весьма привлекательными, но их предназначение скорее утилитарно: по такому мосту духи не могут перебраться на другой берег озера.

Другой пример — угол соседнего дома, обращенный на вашу квартиру. Он обстреливает все на своем пути отравленными стрелами.

К счастью, если *ша* не видно, оно перестает существовать. То есть, если вы не видите зловредного угла, то можете о нем и не беспокоиться. Если же вы видите его, то ситуацию можно исправить несколькими способами. Вы можете держать шторы постоянно задернутыми, чтобы не видеть источника

ЧТО ТАКОЕ ФЭНШУЙ

Рис. 6. Ша, направленное на здание

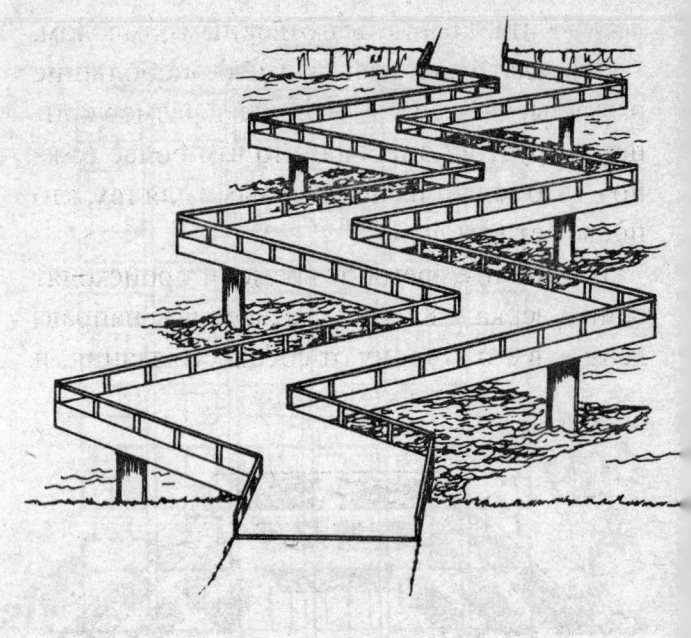

Рис. 7. Зигзагообразный мост

отравленных стрел. Кроме того, можно повесить зеркало *багуа*, отражающее *ша* (рис. 8).

Зеркала играют в *фэншуй* очень важную роль. Обычно они относятся к *инь*, пассивному началу, но зеркало *багуа* — это агрессивное *ян*. Этим оно обязано восьми триграммам *Ицзин*, окружающим его, дающим ему силу. Зеркало *багуа* укреплено на восьмиугольной дощечке. Восьмиугольное *багуа* всегда считалось в Китае крайне благотворным символом.

Зеркала *багуа* всегда имеют небольшие размеры. Считается, что малый размер концентрирует их энергию, но что более важно — это делает их незаметными для тех, кто посылает вам *ша*.

В Гонконге время от времени происходят войны зеркал. Кто-то замечает *ша*, направленное в его сторону от соседнего здания, и

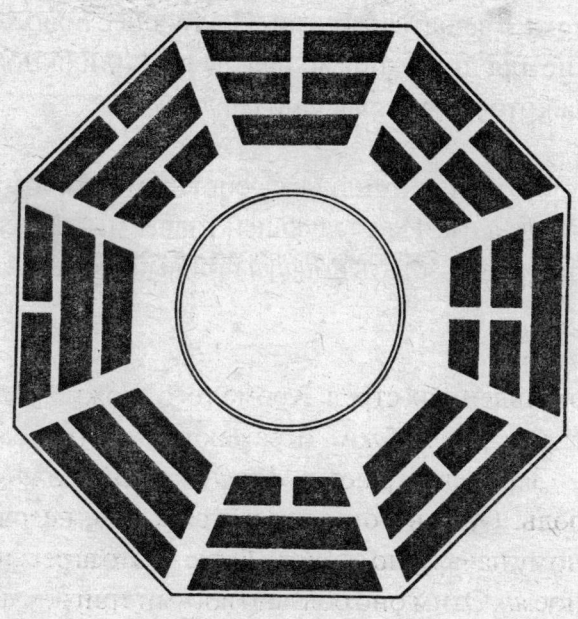

Рис. 8. Восемь сторон багуа

вешает зеркало *багуа*, чтобы отразить *ша*. Сосед напротив видит зеркало и вешает такое же, чтобы в свою очередь отразить ядовитую стрелу. Вскоре у каждого на фасаде висит по десятку зеркал, и конец спору приходится класть полиции. Естественно, как только полиция уезжает, первое зеркало тут же водворяется на место.

Поэтому зеркала *багуа* должны быть как можно более незаметными. Лучше всего они действуют, когда вывешиваются на внешней стене дома, но в случае необходимости их можно вешать и внутри. Наилучшее положение для них — прямо над дверью или окном, на которые направлено *ша*.

Вы познакомились с основными понятиями *фэншуй*. Из следующей главы мы узнаем, как использовать *фэншуй* при выборе дома.

ГЛАВА 2

ВЫБОР ДОМА

Фэншуй нужен обитателям многоквартирных домов не меньше, чем всем остальным. В современном мире дороги могут быть уподоблены рекам, а дома — горам и холмам.

При выборе дома внимательно изучите окружающий ландшафт. В идеальном случае ваш дом должен быть защищен сзади другим домом или холмом. Поддержку обеспечивают и похожие на ваше здания по сторонам. Осмотритесь и выясните, не посылают ли они *ша* в направлении вашего дома.

Соседние здания должны быть примерно одной высоты с тем, в котором живете вы.

ФЭНШУЙ ДЛЯ ГОРОДСКОЙ КВАРТИРЫ

Рис. 9. Большое здание заслоняет маленькое

Считается, что слишком высокое здание, нависающее над вашим, создает угрозу, и через некоторое время вы почувствуете, как оно давит на вас. Особенно опасно такое соседство в том случае, когда большее здание находится напротив входа в ваш дом (рис. 9). На центральный вход в дом может неблагоприятно повлиять любой предмет больших размеров. Рекламная тумба, бетонная стена, трансформаторная будка, даже большой холм, склон которого поднимается прямо перед фасадом

Рис. 10. Незащищенное здание

дома, отрицательно влияют на количество *ци*, которое собирается перед входом в ваш дом.

Ваш дом должен быть каким-либо образом защищен — возвышенностью или же соседними зданиями. Здание, расположенное на вершине холма и не имеющее никакой защиты с обеих сторон, с точки зрения *фэншуй*, является неблагополучным (рис. 10). Ветры сдувают *ци*, а вся вода стекает вниз, прочь от дома. Вы помните, что слово *фэншуй* означает «ветер и вода». Нам нужно и то, и другое, но в должной пропорции. Многоквартирный дом на вершине голого холма открыт всем стихиям, и это порождает *ци* со свойствами *ша* (негативное *ци*).

В идеальном случае ваш дом должен иметь правильную форму. Лучше всего — квадратные, прямоугольные, круглые и восьмиугольные (как *багуа*) здания. Неправильные формы создают ощущение, что какая-то часть дома отсутствует: к примеру, при взгляде на Г-образное здание создается впечатление, что из прямоугольного строения убрали его значительную часть.

Дом должен быть привлекательным с эстетической точки зрения. Это важно, поскольку ваше отношение к жилищу влияет на все стороны вашей жизни. У меня есть знакомая, которая никогда не приглашала к себе друзей, поскольку считала свой дом отвратительным. Постепенно она становилась все более замкнутой и одинокой. Ее былая живость вернулась, когда она переехала в квартиру, расположенную в доме, который нравился ей самой.

Обратите внимание на цветовое оформление дома и убедитесь, что оно вписывается в окружение. Некоторые строения должны бросаться в глаза. Хороший тому пример — магазин, куда хотят привлечь тех, кто проезжает мимо на машине. Однако дом, в котором вы живете, не должен выделяться таким образом. В идеальном случае его цветовое оформление должно гармонировать с цветом вашего элемента. Если ваш элемент — огонь, то вам будет не очень уютно в голубом доме (голубой — цвет воды, а вода гасит огонь). Однако вам бы хорошо жилось в таком доме, будь вашим элементом дерево (так как вода питает дерево). Точно таким же образом желтое здание будет хорошо для человека огня (так как огонь рождает землю), но плохо для человека дерева (дерево вытягивает из земли соки).

Убедитесь, что на ваш дом не направлены *ша*. Прежде чем перейти к осмотру квартиры, необходимо исследовать *фэншуй* всего здания. Если у вашего здания нет центрального входа или если вы попадаете в свою квартиру, минуя центральный вход, то вы должны проверить, не направлены ли *ша* на вход в вашу квартиру.

С точки зрения *фэншуй*, хороша извивающаяся дорожка, ведущая к главному входу. Она должна быть хорошо освещена и иметь на всем протяжении одну ширину. Прямая дорожка — потенциальный источник *ша*.

Очень благоприятным является присутствие воды перед главным входом в здание или непосредственно в квартиру. Особенно это верно для естественных водоемов. Вид на озеро, реку или залив считается исключительно благоприятным. Плавательный бассейн, искусственный пруд или фонтан тоже хороши: они создают положительное *ци* и приносят обитателям дома удачу и счастье. Предпочтительнее иметь округлый бассейн, так как углы квадратных и прямоугольных водоемов создают *ша*. Бассейн, изогнутый в форме фасолины как бы обнимает здание, защищая его. Очень важно, чтобы вода в водоеме была чистой, а лучше всего, конечно, проточная вода. Предпочтительнее иметь водный поток перед зданием, так как вода, текущая позади здания, символизирует упущенные финансовые возможности.

Обратите внимание на растительность вблизи дома. Здоровые на вид растения указывают на изобилие благотворного *ци*. Яркие цветы создают и привлекают *ци*, что идет на пользу всем обитателям дома. Открытое пространство перед многоквартирным домом позволяет *ци* накапливаться в этом месте, что тоже хорошо сказывается на жильцах.

У дома может располагаться автостоянка для машин жильцов. Предпочтительнее стоянки, находящиеся вне самого здания. Подземный гараж неплох, но парковка на первом этажа считается в *фэншуй* крайне нежелательной, так как постоянное движение машин создает ощущение незащищенности у тех, кто живет над гаражом.

Далее обратите внимание на холл. Он должен выглядеть просторным и гостеприимным. Входная дверь многоквартирного дома должна быть больше, чем одноквартирного, причем предпочтительнее иметь не стеклянные, а монолитные двери, так как они символически создают более надежную защиту.

Убедитесь, что на входную дверь не направлены никакие прямые *ша*. Если дом стоит на Т-образном перекрестке, прямая дорога может оказаться направленной прямо на центральный вход и создавать серьезные *ша*. *Ша* могут исходить и от соседних зданий и даже от одиночных деревьев, чьи ветви указывают на двери дома. *Ша*, направленное на входную дверь, считается самой серьезной формой негативной энергии, и для ее нейтрализации необходимо принять соответствующие меры.

У многоквартирного дома обязательно должен быть запасной выход. Дома без запасного выхода считаются в *фэншуй* неблагополучными (и потенциально опасны по любым стандартам).

Лифты, лестничные клетки и коридоры должны быть просторными и хорошо освещенными. Узкие лестницы и коридоры ограничивают *ци*; то же действие оказывает и плохое освещение.

Лестницы не должны располагаться непосредственно напротив входных дверей, поскольку в этом случае *ци*, попавшее внутрь сквозь двери, не знает, куда двигаться дальше. В идеальном случае лестницы должны быть скрыты за дверями.

Очень важно, чтобы у квартир, расположенных по разные стороны коридора или холла, двери находились точно друг напротив друга. Если они сдвинуты по отношению друг к другу, между соседями вероятны конфликты.

Тот же эффект создают длинные коридоры со множеством квартир по обе стороны. Кроме того, длинные коридоры могут создавать *ша*.

Пройдите от центрального входа до своей квартиры. Лестницы или лифт должны быть просторными и ярко освещенными. Проходы должны иметь достаточную ширину, чтобы двое встречных легко могли разойтись, не задевая друг друга. Обратите внимание на покрытие пола, стен и на освещение. Любые дефекты создают негативное *ци*. Если вы снимите здесь квартиру, вы будете проходить этой дорогой по нескольку раз в день, так что здесь должно быть светло и чисто, чтобы *ци* текло свободно, а настроение у вас поднималось.

Двери лифта не должны располагаться прямо напротив дверей вашей квартиры. Считается, что лифт может унести с собой ваше богатство. Против вашей двери не должна находиться и лестница, ведущая вниз. Уходящая вниз лестница символизирует упадок дел, тогда как лестница, ведущая наверх, указывает на то, что и ваши дела пойдут в гору (рис. 11).

Наконец, необходимо определить, выходит ли главная дверь здания в вашем счастливом направлении. Мы узнаем, как это сделать, в следующей главе.

Рис. 11. Лестница, ведущая наверх

ГЛАВА 3

ВАШЕ СЧАСТЛИВОЕ НАПРАВЛЕНИЕ

Приблизительно две с половиной тысячи лет назад китайцы изобрели компас. До того времени *фэншуй* был главным образом искусством, основанным на изучении географии той или иной местности. Появление компаса позволило впервые персонифицировать *фэншуй*. Компас в сочетании с личным элементом и астрологической таблицей использовался для определения благоприятных и неблагоприятных направлений.

Компас в *фэншуй* называют *луобань*. *Луо* означает «сетчатый», а *бань* — «тарелка». Название «сетчатая тарелка» дано очень точно, так как луобань действительно напоминает паутину.

Обычно *луобань* имеет квадратную форму. Квадрат разделен на четверти красными чертами. В центре укреплен компас, окруженный концентрическими кругами, которые дают информацию о направлениях. На моем *луобане* тринадцать таких кругов, но мне встречались *луобани* и с шестью, и с тридцатью шестью кругами. Первый круг содержит восемь триграмм *Ицзин*. Второй — пять элементов и восемь из десяти Небесных ветвей китайской астрологии. В других кругах содержится информация о счастливых и несчастливых направлениях, информация для определения благоприятной даты начала возведения дома и т. д.

Стрелка *луобаня* указывает на юг, поскольку для китайцев юг всегда был самым благоприятным направлением. С севера приходят холодные, жестокие зимы, а с юга — дающие жизнь солнце и тепло.

Триграммы *Ицзин* (рис. 12) изначально располагались в последовательности, названной «преждеНебесной», изобретенной первым императором Китая У из Ся. «Посленебесная»

Цянь	Сюнь
Дуй	Кань
Ли	Гэнь
Чжэнь	Кунь

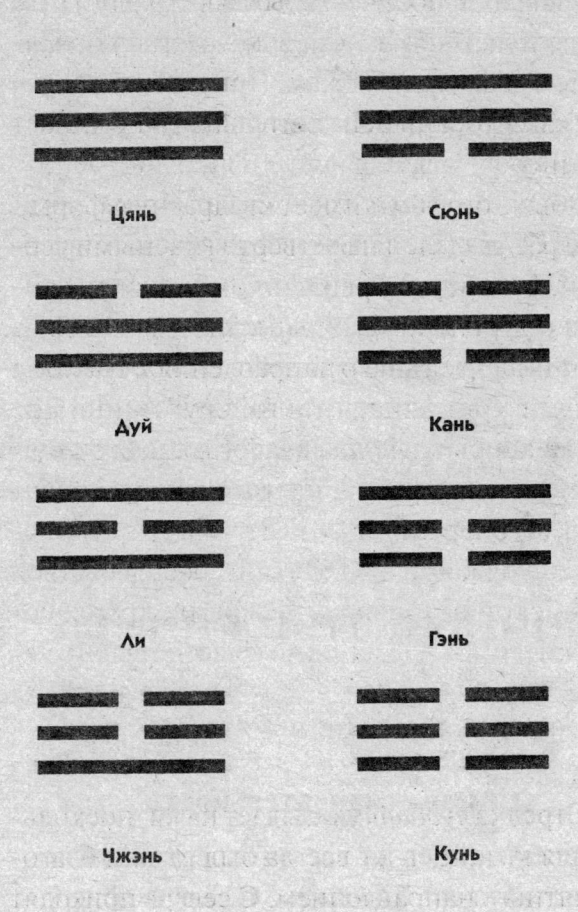

Рис. 12. Восемь триграмм Ицзин

ВАШЕ СЧАСТЛИВОЕ НАПРАВЛЕНИЕ

последовательность была создана около 1143 года до н. э. Вэнь-ваном, впоследствии основавшем династию Чжоу. Прежденебесные триграммы описывают совершенную вселенную. В последовательности Вэнь-вана расположение триграмм более практичное, оно представляет реалистичный взгляд на мир, в котором мы живем. В *фэншуй* используют именно эту последовательность.

Триграммы представляют собой сочетание непрерывных и прерывистых линий по три. Непрерывные линии представляют *ян*, мужскую энергию, а прерывистые — *инь*, женскую энергию.

ЛИЧНЫЕ ТРИГРАММЫ

Цянь

Символ созидательности

Цянь состоит из трех непрерывных линий. Эта триграмма символизирует северо-западное положение и связана с главой семьи (обычно с отцом). Комнаты (кабинет, главная спальня, столовая), которыми пользуется это лицо, расположены хорошо, если находятся в северо-западной части квартиры. Цянь символизирует силу, устремленность и настойчивость. С этой триграммой связаны поздняя осень и начало зимы.

Кунь

Символ восприимчивости

Кунь состоит из трех прерывистых (*иньских*) линий. Кунь символизирует юго-запад и материнские качества. Соответственно, эта триграмма связана с матерью и комнатами, которые она занимает, — кухню и рабочую комнату. Кунь символизирует отношения между мужем и женой и представляет лето.

Чжэнь

Символ беспокойства

Чжэнь состоит из двух прерывистых (*иньских*) линий над одной непрерывной (янской). Чжэнь представляет восточное направление и старшего сына. Следовательно спальню старшего сына лучше всего располагать на востоке. Эта триграмма символизирует решительность и неожиданное. Сезон, связанный с этой триграммой, — ранняя весна.

Сюнь

Символ мягкости

Сюнь состоит из двух непрерывных *янских* линий, расположенных над одной прерывистой *иньской*. Сюнь представляет юго-восток и старшую дочь. Соответственно, комнату старшей дочери лучше расположить в юго-восточной части дома. Триграмма символизирует цельность, интеллект и внутреннюю силу. Сезон, связанный с этой триграммой, — поздняя весна.

Кань

Символ бездны

Кань состоит из одной непрерывной *янской* линии между двумя прерывистыми *иньскими*. Она представляет северное направление и среднего сына. Таким образом, оптимальное местонахождение спальни для среднего сына — на севере. Эта триграмма символизирует честолюбие и напряженную работу. Сезон, связанный с этой триграммой, — зима.

Ли

Символ привязанности

Ли состоит из прерывистой *иньской* линии между двумя непрерывными *янскими*. Ли соотносится с югом и средней дочерью, спальня которой, естественно, должна выходить на юг. Триграмма символизирует легкость, смех, красоту и тепло. Сезон, связанный с этой триграммой, — раннее лето.

Гэнь

Символ спокойствия

Гэнь состоит из двух прерывистых *иньских* линий под одной непрерывной *янской*. Гэнь соотносится с северо-востоком и младшим сыном, комнату которого следует располагать в северо-восточной части дома. Гэнь символизирует стабильность, направленность внутрь и единение. Сезон, связанный с этой триграммой, — поздняя зима.

Дуй

Символ радости

Дуй состоит из двух непрерывных *янских* линий под одной прерывистой *иньской*. Дуй соотносится с западом и младшей дочерью, спальню которой лучше расположить на западе. Триграмма ассоциируется со счастьем, удовольствием и радостью. Сезон, связанный с этой триграммой, — осень.

Каждый дом и квартиру можно отнести к той или иной триграмме. У вас есть и триграмма, определяемая годом вашего рождения. Лучше всего вам будет в квартире, которая хорошо сочетается с вашей личной триграммой.

Ниже приводится простая формула для определения личной триграммы человека. Формула для мужчин несколько отличается от формулы для женщин.

Если вы мужчина, отнимите последние две цифры года вашего рождения от 100, а разность разделите на 9. Нас интересует не полученное в результате деления частное, а остаток. Если остатка нет, то триграмма человека — Ли.

Например, если вы родились в 1954 году, отнимите 54 от 100 — получится 46. Делим 46 на 9 и получаем остаток 1. Значит триграмма этого лица — Кань.

Еще один пример — для мужчины, родившегося в 1964 году. 100 — 64 = 36, 36 делится на 9 без остатка. Триграмма этого лица — Ли.

Для женщин формула несколько иная: им следует отнять 4 от последних двух цифр года своего рождения и разделить разность на 9. И снова нас интересует лишь остаток.

Пример для женщины 1973 года рождения: 73 — 4 = 69. Делим 69 на 9, получаем в остатке 6.

Еще один пример: для женщины 1950 года рождения. 50 — 4 = 46. 46 делится на 9 с остатком 1.

Если остаток равен 1, то
ваша триграмма — Кань.

Если остаток равен 2, то
ваша триграмма — Кунь.

Если остаток равен 3, то
ваша триграмма — Чжэнь.

Если остаток равен 4, то
ваша триграмма — Сюнь.

Если остаток равен 5, то
ваша триграмма — Кунь, если вы
мужчина, и Гэнь — если женщина.

Если остаток равен 6,
то ваша триграмма — Цянь.

Если остаток равен 7,
то ваша триграмма — Дуй.

Если остаток равен 8,
то ваша триграмма — Гэнь.

Если остатка нет, то
ваша триграмма — Ли.

Для вашего удобства в Приложении дается таблица личных триграмм по годам рождения.

У вашего дома тоже есть триграмма — она определяется по тому направлению, куда выходит его задняя сторона. Например, дом Кань фасадом выходит на юг, а задней стороной — на север. На рисунках 13 и

14 показаны соответствующие направления для каждой из триграмм.

Восемь триграмм разделены на две группы: четыре восточных дома (Ли, Кань, Чжэнь и Сюнь) и четыре западных дома (Цянь, Кунь, Гэнь и Дуй). Благоприятные направления для четырех восточных домов — север, юг, восток и юго-восток. Наилучшие направления для четырех западных домов — запад, северо-запад, юго-запад и северо-восток.

Символ	Триграмма	Тыл	Фасад
	Ли	Юг	Север
	Кань	Север	Юг
	Чжэнь	Восток	Запад
	Сюнь	Юго-восток	Северо-запад

Рис. 13. Направления восточных домов

ЧЕТЫРЕ ВОСТОЧНЫХ ДОМА

Триграммы Ли, Кань, Чжэнь и Сюнь относятся к элементам воды, дерева и огня. Это очень удачное сочетание, поскольку вода порождает дерево, а дерево — огонь.

Это значит, что квартиры, относящиеся к восточным домам, можно улучшить при помощи предметов, символизирующих эти элементы. Аквариумы, миниатюрные фонтаны,

Символ	Триграмма	Тыл	Фасад
	Цянь	Северо-запад	Юго-восток
	Кунь	Юго-запад	Северо-восток
	Гэнь	Северо-восток	Юго-запад
	Дуй	Запад	Восток

Рис. 14. Направления западных домов

растения в горшках, живые цветы и яркий свет улучшают *фэншуй* квартир, относящихся к этой группе.

ЧЕТЫРЕ ЗАПАДНЫХ ДОМА

Триграммы Цянь, Кунь, Гэнь и Дуй относятся к элементам металла и земли. Это также является гармоничной комбинацией, поскольку металл добывают из земли. Однако из-за того, что различные элементы плохо сочетаются друг с другом, восточные дома конфликтуют с западными.

Фэншуй квартир, принадлежащих к западным домам, улучшается при помощи металлической музыки ветра (так называется набор трубочек, издающих при дуновении воздуха или соприкосновении с ними мелодичные звуки), украшений из металла, кристаллов, предметов из керамики и фарфора.

Вам может быть трудно определить, к какой триграмме относится ваш многоквартирный дом, если он имеет неправильную форму. В этом случае при помощи компаса выясните, куда обращен запасный выход здания.

Лучше всего вы будете чувствовать себя в доме, который относится к той же группе, что и ваша личная триграмма. Если, например, ваша триграмма — Ли, вам подойдут дома Ли, Кань, Чжэнь или Сюнь, поскольку все они относятся к восточным домам. Естественно, наиболее удачен случай, когда триграмма дома совпадает с вашей личной триграммой. Поэтому тот, чья триграмма — Цянь, будет лучше всего чувствовать себя в доме Цянь, но ему будет неплохо и в квартирах Кунь, Гэнь и Дуй (которые относятся к западным домам).

Желательно, чтобы ваша квартира относилась к той же группе триграмм, что и здание. Определить это можно при помощи компаса у главного входа в квартиру.

Особенно благоприятно, когда триграммы квартиры и дома относятся к той же группе, что и ваша личная триграмма. К примеру, ваша триграмма — Гэнь, здания — Кунь, а квартиры — Дуй. Все они принадлежат к западным домам, то есть находятся друг с другом в гармоничных отношениях.

Принцип триграмм применяется также и внутри самой квартиры. Мы рассмотрим эту тему в следующей главе.

ГЛАВА 4

В КВАРТИРЕ

Для тех, кто живет в квартире, *фэншуй* внутри нее важнее, чем *фэншуй* вокруг нее. Это объясняется тем, что обитатели квартир нередко ничего не могут изменить снаружи, но в их силах контролировать то, что происходит в их собственном жилье.

Желательно, чтобы в квартиру попадало как можно больше энергии *ци*, которая должна свободно течь из комнаты в комнату. Бо́льшая часть *ци* входит через дверь, поэтому вход должен быть хорошо освещен. В идеальном случае гость от входной двери должен видеть часть интерьера комнат. Квартира должна выглядеть просторной и приветливой.

Если входная дверь открывается прямо в большую комнату, можно при помощи ширмы отгородить ее часть и создать таким образом более замкнутое пространство, подобие прихожей.

Входная дверь должна открываться внутрь. Двери, которые открываются наружу, сбивают с толку и ограничивают *ци*. Внутри квартиры должно создаваться ощущение простора. *Ци* теряется, если дверь открывается в тесную прихожую или упирается прямо в стену. Чтобы исправить ситуацию следует повесить большое зеркало, которое символически удвоит размеры прихожей.

Входная дверь не должна также располагаться напротив двери туалета. Туалет создает негативное *ци*, и не должен располагаться напротив входа или важных комнат. Если туалет в вашей квартире все-таки расположен именно так, держите его дверь постоянно закрытой, а на двери туалета снаружи повесьте зеркало, чтобы символически заставить его исчезнуть. Если в квартире несколько туалетов, используйте тот, что находится напротив входной двери, как можно реже.

Напротив входной двери не должно быть окон, потому что бульшая часть *ци*, вошедшего в дом, в этом случае тут же устремится в окно. В подобных ситуациях можно порекомендовать закрыть окно ширмой.

Ци может попадать в квартиру и через окна, но бульшая его часть входит через дверь. Окна должны иметь достаточные размеры, чтобы привлекать *ци*, но и не быть чрезмерно большими, чтобы не влиять на входную дверь. В идеальном случае на каждую дверь квартиры должно приходиться не более трех окон. (Исключением являются студии или однокомнатные квартиры, в которых может быть только две двери. В этом случае соотношение количества окон и дверей может доходить до 7:1.)

Встаньте у входной двери и отыщите взглядом самый дальний угол. Он будет вашим счастливым углом. Поместите сюда предмет, символизирующий либо ваш личный элемент, либо элемент, предшествующий ему в цикле порождения.

Ци, попавшее в квартиру, следует направить так, чтобы оно извилистым путем прошло по всему помещению. Нежелательно, чтобы *ци* двигалось по прямой, поскольку при этом его движение будет слишком быстрым и его благотворное воздействие на квартиру будет потеряно. Наихудший случай, когда три двери расположены на одной прямой линии, причем две из них — входная и задняя двери. К счастью, подобную ситуацию можно исправить несколькими способами. Среднюю дверь можно держать постоянно закрытой. Заднюю дверь можно скрыть ширмой. Можно подвесить перед каждой из дверей музыку ветра или кристаллы, чтобы направить *ци* вверх. Наконец, можно повесить два или три зеркала на противоположных стенах коридора. *Ци* будет течь от одного зеркала к другому, замедляя движение и пересекая коридор, а не устремляясь к выходу с нарастающей скоростью.

Старайтесь не допускать беспорядка в квартире. Завалы вещей замедляют и ограничивают *ци*, отчего оно застаивается и теряет свою силу. *Ци*, кроме того, застаивается в темных и неиспользуемых помещениях. Те комнаты, которыми не пользуются регулярно, например, спальни для гостей, часто проветривайте.

Осмотрите квартиру — нет ли в ней внутренних *ша*. Их источниками могут быть острые углы стен и мебели, колонны с квадратным сечением и потолочные балки. Для нейтрализации таких *ша* можно переставить мебель. Растение в горшке или зеркало скроют колонну, а две бамбуковые флейты, подвешенные к балке, устранят ее вредное воздействие.

Старайтесь не сидеть под открытыми потолочными балками и располагайте мебель так, чтобы и ваши гости не сидели прямо под ними.

Квартиры, в которых пол во всех комнатах расположен на одном уровне, с точки зрения *фэншуй*, более благоприятны, чем многоуровневые или двухэтажные квартиры. В многоуровневой же квартире лестница не должна располагаться прямо напротив входной двери. При такой планировке *ци* сбивается с толку, попав в квартиру, не зная, куда двигаться дальше. Кроме того, хозяева спален на втором этаже будут, вероятнее всего, направляться прямо к себе наверх, вместо того чтобы проводить время с другими обитателями квартиры.

В многоуровневых квартирах кухня и столовая должны быть расположены выше гостиной. В противном случае гости, уходя, будут забирать с собой все благотворное *ци*.

Комнаты должны иметь пропорциональную форму. Кроме того, желательно, чтобы ни одна комната не казалась значительно больше других. В идеальном случае комнаты должны быть квадратными или прямоугольными. Г-образные помещения создают впечатление незавершенности. Причем угол, направленный внутрь комнаты, создает *ша*

Средством для исправления такого положения могут служить два зеркала по обеим сторонам от угла: они заставят *ша* символически исчезнуть.

Гостиная должна располагаться рядом с главным входом, а кухня и спальни должны находиться как можно дальше от него. Это создает ощущение мира, гармонии и безопасности. Ночью обитатели квартиры могут спать спокойно, вдали от шума, который исходит от входной двери. Двери в туалет, ванную и спальни от входа не должны быть видны.

Не следует располагать ванную и кухню в центре квартиры. Центр — это зона удачи, и здесь рекомендуется собираться всем обитателям. Это идеальное место для гостиной.

В следующей главе мы определим наилучшее расположение каждой из комнат в зависимости от вашей триграммы.

ГЛАВА 5

ПОЗИТИВНЫЕ И НЕГАТИВНЫЕ МЕСТА

В каждой квартире имеется четыре негативных и четыре позитивных места, которые определяются по вашей личной триграмме. Эти места в свою очередь определяются направлениями магического квадрата, обнаруженного тысячи лет назад императором У на панцире черепахи.

ПОЗИТИВНЫЕ МЕСТА

Основное место

Это наилучшая часть квартиры, и она всегда совпадает с направлением, на которое выходит задняя сторона дома. Обычно его называют *фу вэй*, что значит «счастливая жизнь». Это место идеально подходит для спален и дверей.

Место здоровья

Это тоже хорошая часть квартиры, она связана со здоровьем и жизненной силой. Часто его называют *тянь и*, что означает «небесный доктор». Это название объясняется тем, что активизация места здоровья способствует излечению даже в случае хронических заболеваний, с которыми не справляются врачи. Это место великолепно подходит для столовой или спальни главы семейства. Его можно активизировать, подвешивая кристаллы или музыку ветра.

Место долголетия

Это место символизирует спокойствие, гармонию и хорошее самочувствие. Оно также играет важнейшую роль в обеспечении гармоничных семейных отношений. Это место превосходно подходит для спален старейших членов семьи. Место долголетия можно стимулировать при помощи зеркал и кристаллов. Такое стимулирование будет способствовать избавлению от разногласий и других семейных проблем.

Место процветания

Это место считается самым позитивным в квартире. Оно символизирует прогресс, финансовый успех, энтузиазм и жизненную силу. Это место подходит для того, чтобы расположить здесь входную дверь, дверь на кухню, хозяйскую спальню, кабинет или любую комнату, в которой решаются финансовые вопросы. Здесь наихудшее место для туалета и ванной, поскольку вода, используемая в них, символизирует упущенные финансовые возможности. Место процветания — наилучшее место для стола, за которым производятся расчеты семейных расходов. Его необходимо хорошо освещать и активизировать кристаллами и предметами, символизирующими ваш личный элемент. Считается, что если вы будете активизировать этот участок своей квартиры, то в конце концов разбогатеете

На Востоке многие ориентируют свои кровати в направлении места процветания, а отправляясь на работу, идут именно в эту сторону.

НЕГАТИВНЫЕ НАПРАВЛЕНИЯ

Место смерти

В Китае его иногда называют «цюань мин», что означает «полная катастрофа». Направление смерти связано с несчастными случаями, болезнью и другими напастями. Неудивительно, что его считают наихудшим местом в доме. Считается, что если дверь вашего дома обращена в этом направлении, ваша семья будет страдать от болезней и подвергаться опасности потерять деньги и репутацию. Все негативные места подходят для туалета, поскольку здесь негативное *ци* символически уносится прочь.

Место катастроф

В Китае это место часто называют «хо хай», что означает «катастрофы и опасности». Оно ассоциируется с разочарованиями, проволочками, затруднениями и небольшими потерями, но не крупными несчастьями. Не следует ориентировать в этом направлении кровать, поскольку в этом случае вы будете страдать от постоянных мелких неудач. Это место хорошо подходит для кладовой или туалета.

Место шести *ша*

Место шести *ша* называют также *лю ша*, что значит «шесть смертей». Оно ассоциируется со всяческими проволочками, скандалами и потерями. Оно связано также с юридическими проблемами и болезнью. Это подходящее место для кухни и туалета.

Место пяти духов

Это место ассоциируется с пожаром, кражей и денежными затруднениями. Считается, что вас будут преследовать пожары и кражи, если входная дверь дома смотрит в этом направлении. Это место, как и место катастроф, подходит для кладовой или туалета.

Все эти места определяются по вашей личной триграмме. Следующий ниже список описывает позитивные и негативные места для каждой из триграмм.

Дом Цянь

Задней стороной выходит на северо-запад

Основное место — на северо-западе

Место здоровья — на северо-востоке

Место долголетия — на юго-западе

Место процветания — на западе

Место смерти — на юге

Место катастроф — на юго-востоке

Место шести *ша* — на севере

Место пяти духов — на востоке

Дом Кунь

Задней стороной выходит на юго-запад

Основное место — на юго-западе

Место здоровья — на западе

Место долголетия — на северо-западе

Место процветания — на северо-востоке

Место смерти — на севере

Место катастроф — на востоке

Место шести *ша* — на юге

Место пяти духов — на юго-востоке

Дом Гэнь

Задней стороной выходит на северо-восток

Основное место — на северо-востоке

Место здоровья — на северо-западе

Место долголетия — на западе

Место процветания — на юго-западе

Место смерти — на юго-востоке

Место катастроф — на юге

Место шести *ша* — на востоке

Место пяти духов — на севере

Дом Дуй

Задней стороной выходит на запад

Основное место — на западе

Место здоровья — на юго-западе

Место долголетия — на северо-востоке

Место процветания — на северо-западе

Место смерти — на востоке

Место катастроф — на севере

Место шести *ша* — на юго-востоке

Место пяти духов — наюге

Дом Ли

Задней стороной выходит на юг

Основное место — на юге

Место здоровья — на юго-востоке

Место долголетия — на севере

Место процветания — на востоке

Место смерти — на северо-западе

Место катастроф — на северо-востоке

Место шести *ша* — на юго-западе

Место пяти духов — на западе

Дом Кань

Задней стороной выходит на север

Основное место — на севере

Место здоровья — на востоке

Место долголетия — на юге

Место процветания — на юго-востоке

Место смерти — на юго-западе

Место катастроф — на западе

Место шести *ша* — на северо-западе

Место пяти духов — на северо-востоке

Дом Чжэнь

Задней стороной выходит на восток

Основное место — на востоке

Место здоровья — на севере

Место долголетия — на юго-востоке

Место процветания — на юге

Место смерти — на западе

Место катастроф — на юго-западе

Место шести *ша* — на северо-востоке

Место пяти духов — на северо-западе

Дом Сюнь

Задней стороной выходит на юго-восток

Основное место — на юго-востоке

Место здоровья — на юге

Место долголетия — на востоке

Место процветания — на севере

Место смерти — на северо-востоке

Место катастроф — на северо-западе

Место шести *ша* — на западе

Место пяти духов — на юго-западе

Если вы делаете что-то важное, эти места можно учитывать и как направления. Например, если ваша триграмма Чжэнь, вам лучше принимать важные решения, находясь лицом к востоку, северу, юго-востоку или югу. (Чжэнь относится к четырем восточным домам, и названные направления являются благоприятными для всех членов этой группы.) Азиаты, играющие в азартные игры, любят сидеть лицом в своем направлении процветания, считая, что это увеличивает их шансы на выигрыш. Направление процветания определяется индивидуальной триграммой, а не группировкой домов.

ОПРЕДЕЛЕНИЕ МЕСТ В КВАРТИРЕ

Вышеописанные места в квартире определяются наложением магического квадрата на план жилища. Естественно, это легче сделать в том случае, когда квартира имеет правильную — прямоугольную или квадратную — форму. Иногда удобнее разделить квартиру на несколько секций и накладывать магический квадрат на каждую из них в отдельности. Можно проделать это и с каждой из комнат. Таким образом обычно исследуют спальню, определяя наилучшее место для кровати.

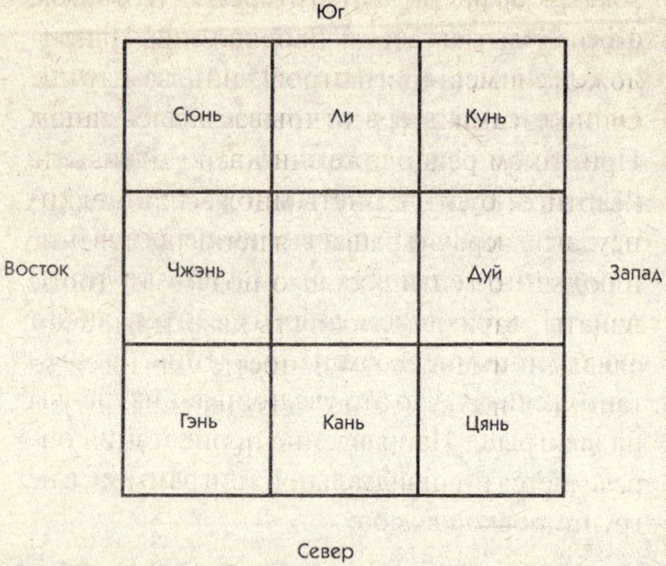

	Юг	
Сюнь	Ли	Кунь
Чжэнь		Дуй
Гэнь	Кань	Цянь

Восток (слева) — Запад (справа); Север (снизу)

Рис. 15. Последовательность позднего неба

На рисунке 15 показано правильное положение восьми триграмм в магическом квадрате согласно так называемой «поздненебесной последовательности». На рисунке 16 показан магический квадрат для квартиры Чжэнь.

На рисунке 17 мы наложили магический квадрат на план квартиры Чжэнь.

Теперь мы можем приступить к толкованию результатов наложения. Квартира

Чжэнь обращена задней стороной на восток, а фасадом — на запад. Входная дверь расположена в месте катастроф, на юго-западе. Однако сама дверь открывается на запад. При таком расположении двери обитатели квартиры будут терпеть множество мелких неудач. Дверь открывается непосредственно в большую гостиную. Это позволяет гостю видеть значительную часть квартиры, а хозяева не имеют возможности укрыться от взглядов неожиданных визитеров. Ширма,

	Юг	
Гэнь Шесть ша	Чжэнь Основное место	Сюнь Долголетие
Кань Здоровье		Ли Процветание
Цянь Пять духов	Дуй Смерть	Кунь Катастрофы

(Восток — слева, Запад — справа, Север — внизу)

Рис. 16. Магический квадрат для квартиры Чжэнь

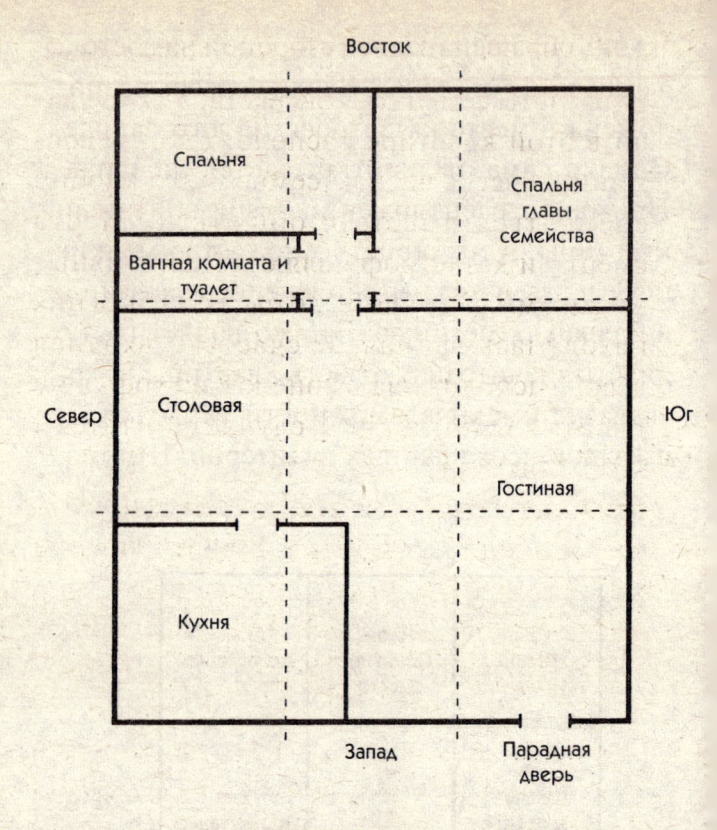

Рис. 17. Магический квадрат, наложенный на план квартиры

поставленная у входа, не лишит гостя возможности видеть, что находится в комнате, и даст хозяевам ощущение защищенности.

Гостиная содержит зоны смерти (запад), катастроф (юго-запад), процветания (юг) и удачи (центр). Место процветания подойдет для стола, за которым производятся расчеты семейного бюджета. Место удачи в этой квартире расположено превосходно — здесь членам семьи будет удобно собираться вместе и общаться. Места смерти и катастроф являются негативными зонами, и лучше было бы, если бы в них находилась ванная. К счастью, входная дверь расположена в зоне катастроф, а не смерти. В последнем случае обитатели квартиры со временем потеряли бы все. Место катастроф связано со спорами и разногласиями. Здесь нельзя ставить диваны и кресла, поскольку сидящие в них все время будут спорить. (В этой гостиной наиболее подходящее место для удобного дивана и кресел — место удачи.)

Кухня располагается в месте пяти духов (северо-запад). Поскольку это место связано с огнем, хозяевам квартиры следует быть особенно осторожными с плитой и электрическими приборами.

Столовая примыкает к гостиной и находится в месте здоровья (север). Это прекрасное место для столовой; те, кто здесь ест, будут наслаждаться хорошей компанией и приобретут крепкое здоровье.

Спальня хозяев расположена в месте долголетия (юго-восток). Это очень удачное расположение, дающее хозяевам покой, гармонию и долголетие. Спальня находится достаточно далеко от входной двери, что также хорошо с точки зрения *фэншуй*.

Основное место (восток) занято третью спальни хозяев, частью второй спальни и небольшим коридором. Здесь хорошо расположить кровати и двери. Если возможно, обитатели дома должны ставить кровати именно в этих местах. В коридор выходят три двери, что является положительным фактором. Однако дверь спальни главы семейства находится прямо напротив двери в ванную, что нежелательно, поскольку негативное *ци* из ванной может перетекать в спальню. В данном случае следует держать дверь ванной постоянно закрытой.

Место шести *ша* (северо-восток) приходится на две трети второй спальни и ванную. Ванная расположена очень удачно, а вот для спальни это место не подходит. Тот, кто спит в этой комнате, будет склонен откладывать принятие решений и может оказаться участником скандала. К счастью, треть этой спальни находится в основном месте, и воздействие шести *ша* можно нейтрализовать, расположив кровать изголовьем в основном месте.

ВЛИЯНИЯ БАГУА

Еще один метод оценки квартир, чрезвычайно популярный в Гонконге, где большинство населения живет именно в квартирах, известен под названием влияния *багуа*. Он несколько противоречив, поскольку относится к школе компаса, но компас в нем не применяется.

На план квартиры, как и при определении мест, накладывают тот же магический квадрат, однако, поскольку компас не используется,

Богатство	Слава	Брак
Семья		Дети
Знания	Карьера	Учителя

Главный вход всегда на этой стороне квадрата

Рис. 18. Влияние багуа

входная дверь квартиры всегда совмещается с нижней стороной магического квадрата.

Исследованию подлежат девять различных зон квартиры (рис. 18).

Богатство

Зона богатства расположена по диагонали налево от входной двери. Она связана с деньгами, финансами и изобилием. Если вы хотите иметь все это, вам необходимо активизировать эту зону своей квартиры. Для этого следует усилить ее освещение, что привлечет сюда *ци*. Кристаллы аккумулируют *ци* и распространяют его во всех направлениях. Кроме того, поместите в этой части дома что-нибудь металлическое, поскольку металл символизирует деньги. Аквариум здесь тоже будет к месту, поскольку вода в *фэншуй* является символом денег, а рыбки символизируют успехи и достижения. Не заводите аквариум, если ваш элемент — огонь, поскольку вода гасит огонь. Вместо этого повесьте украшения в виде красных рыб. Поместите в этой зоне какой-нибудь предмет, символизирующий элемент, предшествующий вашему в цикле порождения. И, наконец, в этой зоне необходим какой-нибудь предмет, относящийся к вашему элементу.

Все это поможет активизировать зону богатства вашей квартиры.

Слава

Зона славы занимает среднюю треть задней части квартиры, между зонами богатства и брака. Она символизирует ваше положение в обществе. Если вы хотите стать знаменитым, необходимо активизировать эту область.

Вы можете стимулировать ее, усилив освещение в этой части дома. Здесь можно повесить кристаллы и поместить что-то имеющее отношение к вашему элементу. Неплохо повесить в этом месте собственный портрет. Здесь следует выставить свои охотничьи трофеи, награды и дипломы.

Брак

В наше время зона брака соотносится не только с браком как таковым, но и с интимными отношениями вообще. Если вы ищете новых знакомств или желаете улучшить уже существующие отношения, нужно активизировать эту часть дома. Привлекайте сюда *ци*, улучшив освещение в этой зоне. Повесьте здесь кристаллы и поместите приятные глазу предметы, относящиеся к вашему элементу и к элементу вашего спутника жизни, если таковой имеется. Здесь будут очень кстати фотографии, на которых сняты вы оба. Если вы ищете любви, снимок двух влюбленных, идущих рука об руку по пустынному пляжу, может активизировать эту зону. Вообще, здесь место любым предметам, которые вызывают у вас любовные ассоциации.

Семья

Зона семьи является символом семьи в самом широком смысле слова. Она символизирует близких вам людей. Эта часть дома связана, кроме того, со здоровьем.

Активизация этой зоны укрепляет семейные узы и может применяться в периоды ссор или разногласий по какому-либо вопросу. Здесь хорошо выставить семейные портреты и предметы, напоминающие о близких друзьях и любимых. Если больны вы или кто-то из ваших близких, эту зону следует активизировать.

Естественно, для активизации этой зоны следует улучшить ее освещение. Кроме того, для активизации необходимы предметы, символизирующие элемент того, кому мы хотим помочь. В случае болезни необходимы предметы, связанные с элементом, предшествующим элементу больного в цикле порождения.

Дети

Зона детей расположена по малой диагонали направо от входной двери, между зонами брака и учителей. Ее можно активизировать двумя способами.

Если у вас возникли проблемы с ребенком, вы можете активизировать эту часть дома с помощью предметов, относящихся к элементу, предшествующему элементу ребенка в цикле порождения. Естественно, следует также усилить освещение в этой зоне.

Если вы хотите завести детей, эта зона активизируется усилением освещения и кристаллами, подвешенными на красных лентах. Для этой же цели можно использовать молодые растения в горшках или живые цветы. Как только цветы начинают вянуть, их необходимо немедленно выбрасывать, поскольку умирающие растения распространяют негативное *ци*. Можно поставить здесь и искусственные цветы; не рекомендуется использовать засушенные растения: в них отсутствует вода, что недопустимо с точки зрения *фэншуй*. Ведь само слово *фэншуй* означает «ветер и вода».

Знание

Зона знания расположена на той же стороне помещения, что и входная дверь, на максимальном расстоянии слева от нее. Это место имеет отношение к обучению. Оно прекрасно подходит для библиотеки или кабинета. Любая деятельность, требующая умственной активности, будет наиболее эффективной именно здесь.

Эта зона активизируется обычным способом — при помощи освещения и кристаллов. Кроме того, источником дополнительной активизации станут предметы, связанные с тем, что именно вы собираетесь изучать. К примеру, если вы собираетесь учить иностранный язык, следует заниматься именно в этой зоне и здесь же держать учебники и словари.

Карьера

Зона карьеры занимает центральное положение на той стене квартиры, в которой находится дверь. Если вы пытаетесь продвинуться по службе или ищете новое занятие, следует активизировать эту зону. Для этого можно воспользоваться светом, кристаллами, музыкой ветра и предметами, символизирующими ваш элемент. Здесь хорошо поставить факс, компьютер, телефон — любое офисное оборудование.

Учителя

Зона учителей находится справа от входной двери. Существует древняя пословица: «Когда ученик готов, появляется учитель». Если вы чувствуете, что готовы, а учитель еще не появился, вы можете ускорить его приход, активизировав эту часть квартиры. Учителя — это люди, которые помогают нам в жизни словом и делом, те, на кого мы можем положиться в разных областях жизни. Активизируя данную зону, мы побуждаем их придти и помочь нам.

Зону учителей можно активизировать при помощи обычных средств, однако, если вы имеете в виду конкретного человека и знаете год его рождения, можно поместить здесь предмет, имеющий отношение к его элементу.

Эта часть дома связана и с путешествиями. Если вы хотите отправиться в путешествие, можно активизировать эту зону, подвесив в ней кристалл или поместив сюда предмет, символизирующий ваш элемент. Здесь же можно повесить изображения тех мест, куда вы собираетесь отправиться.

Центр удачи

Место в центре квартиры известно как «центр удачи», или «духовный центр». Оно должно быть хорошо освещено — это будет побуждать обитателей квартиры общаться и проводить время друг с другом. Здесь самое подходящее место для хрустальной люстры — каждый из ее кристаллов будет распространять *ци* по всей квартире.

Направления

Влияния *багуа* не ограничены стенами вашей квартиры — они распространяются за ее пределы в бесконечность. Поэтому, если вы желаете богатства, искать его следует в направлении, указанном зоной богатства вашей квартиры. Точно таким же образом в направлении, указанном зоной брака, вы сможете найти спутника жизни.

Если вы желаете добиться успехов в своей карьере, каждый день, отправляясь на работу, вы должны начинать движение в направлении зоны карьеры, даже если место, где вы работаете, находится совершенно в другой стороне. Пройдя немного и активизировав таким образом направление карьеры, вы поворачиваете и отправляетесь в нужную сторону.

Попробуем при помощи принципа влияний *багуа* дать оценку квартире, план которой представлен на рисунке 17.

Вторая спальня и туалет находятся в зоне богатства. Это наихудшее из возможных положений для туалета, поскольку богатство символически смывается в канализацию. Чтобы смягчить последствия такой планировки, следует всегда закрывать крышку унитаза и дверь в туалет. На дверь с внешней стороны можно повесить зеркало, чтобы это помещение символически исчезло.

Тот, кто пользуется второй спальней, может активизировать ее, чтобы улучшить свое материальное положение.

Зона славы частично приходится на обе спальни. Если их обитатели желают улучшить свою репутацию или положение в обществе, они могут активизировать эти части своих комнат.

Бóльшая часть спальни главы семейства находится в зоне брака. Это идеальное расположение, и у обитателей этой комнаты будет прочная и долгая семейная жизнь. Естественно, и ее можно улучшить, дополнительно активизировав данную зону.

Столовая находится в зоне семьи. Членам этого семейства будет приятно собираться за общим столом.

Зона детей приходится на четверть гостиной. Поскольку в квартире нет детской, дети, естественно, будут много времени проводить здесь. А наилучшее для них место игр расположено именно в этой части гостиной.

Кухня занимает практически всю зону знаний. Обитателям этой квартиры будет нравиться учиться за кухонным столом.

Зона карьеры приходится в основном на гостиную, захватывая и кухню. В этой части гостиной рекомендуется выставить дипломы и награды, связанные с вашей работой. А в той части зоны карьеры, что приходится на кухню, хорошо поставить телефон, факс или что-то еще, имеющее отношение к карьере.

Зона учителей также приходится на гостиную. Здесь хорошо принимать старших и беседовать с ними.

В приведенном примере мы рассмотрели пространство в пределах стен квартиры, но, как вы знаете, влияния *багуа* не простираются до бесконечности. Следовательно, обитателям квартиры в данном случае следует искать богатство в северо-восточном направлении, славу — на востоке, отношения — на юго-востоке и т. д.

ОТДЕЛЬНЫЕ КОМНАТЫ

Принцип влияний *багуа* мы можем применить для оценки отдельной комнаты и даже еще меньшего пространства — например, стола. Путешествуя по Востоку, я часто видел на письменных столах в зоне богатства небольшие металлические блюдца с несколькими монетами.

Предположим, мы решим наложить магический квадрат на спальню главы семейства (с рисунка 17). Нижняя сторона квадрата совмещается с главным входом в данное помещение, и зона богатства этой комнаты оказывается в юго-восточном углу.

Встречаются квартиры самой разной формы, и при наложении магического квадрата на план квартиры иногда оказывается, что какой-то части не хватает. Однако это не обязательно сулит несчастье, как может показаться на первый взгляд, поскольку магический квадрат может быть спроецирован на каждую из комнат. Если ваша квартира имеет Г-образную форму и в ней символически отсутствует, например, зона богатства, вы можете исправить ситуацию, активизировав зоны богатства в комнатах.

Поначалу принципы *фэншуй* могут показаться сложными. Наилучший способ изучить их — это наложить магический квадрат на план вашей собственной квартиры и посмотреть, как ваши толкования соотносятся с реальностью. Очень может быть, вы обнаружите, что ваша квартира уже представляет собой довольно гармонично организованное жизненное пространство, поскольку нередко мы инстинктивно делаем правильные вещи. При помощи *фэншуй* вы сможете произвести окончательную «тонкую настройку», чтобы максимально приблизить свою квартиру к идеалу. Добившись этого, вы значительно продвинетесь на своем пути к счастью и изобилию.

ГЛАВА 6

ОТДЕЛЬНЫЕ КОМНАТЫ

С точки зрения *фэншуй*, двумя наиболее важными помещениями в квартире являются кухня и спальня. Конечно, в некоторых квартирах единственная комната выполняет функции кухни, спальни и гостиной одновременно. Но даже в этом случае различные части однокомнатной квартиры имеют свое особое применение и могут быть оценены индивидуально. В этой главе мы более детально остановимся на особенностях однокомнатных квартир, или так называемых студий.

КУХНЯ

Традиционно кухня была самым важным помещением в доме — ведь в ней находилась печь, считавшаяся основой семейного благополучия. Большое значение имеет количество и качество пищи, которую здесь готовят. Количество важно потому, что дает ощущение изобилия, а качество — потому, что благотворно влияет на здоровье членов семьи. Соответственно, холодильник и кладовая для продуктов не должны пустовать. На Востоке дело чести хозяина всегда иметь достаточно продуктов, чтобы накормить любое количество нежданных гостей.

Плита (или микроволновая печь) должна быть расположена так, чтобы повар легко мог видеть каждого, кто входит в кухню. Плохо, если ему приходится работать спиной ко входу, поскольку неожиданно вошедший человек может напугать его, что отразится на качестве приготовленной еды. Если другого места для плиты нет, следует повесить над ней или рядом с ней зеркало. Это позволит повару видеть входящих и одновременно символически удвоит количество пищи на плите.

Плита не должна стоять напротив главного входа, дверей в туалет или в спальню главы семейства. В однокомнатной квартире плита не должна стоять против кровати.

Плита должна быть чистой и исправной. Любая неисправная вещь является источником раздражения и негативного *ци*. Если что-то плохо работает на кухне, источнике семейного благосостояния, проблемы появятся и на работе.

Все трубы как на кухне, так и в ванной, должны быть укрыты от глаз. Вода символизирует деньги, и видеть, как она уходит из дома в канализацию — плохой *фэншуй*.

Естественно, кухня должна быть хорошо освещена для привлечения *ци*. Это полезно как пище, так и людям, работающим здесь.

СТОЛОВАЯ

Столовая должна находиться недалеко от кухни, но как можно дальше от входной двери. Считается, что если гости видят входную дверь из столовой, то будут стремиться уйти сразу же после еды. При необходимости дверь можно скрыть ширмой.

В столовой у вас должно возникать ощущение простора. Сидящие за столом не должны испытывать неудобств при попытке встать с места — им не должны мешать ни мебель, ни стены. Мебели в столовой может быть сколько угодно, если только она не стесняет движений гостей.

Наиболее располагающими к разговору считаются круглые столы. Однако приемлемы квадратные, прямоугольные, овальные и восьмиугольные. Если у вас квадратный или прямоугольный стол, то с точки зрения *фэншуй* углы у него должны быть слегка закругленными — это исключит появление *ша*.

Зеркала в столовой играют двойную роль. Они расширяют пространство, делают комнату просторнее. Кроме того, они символически удваивают количество еды на столе, создавая ощущение изобилия и благополучия.

Столовая должна быть хорошо освещена — это привлекает *ци*. Ужин при свечах будет неплох при условии, что достаточное количество *ци* вошло в столовую до этого.

В столовой должно быть просторно и уютно. Это производит благоприятное впечатление на гостей, но у китайцев на то имеется и другая, более важная причина. Они считают, что если столовая мала, то вы будете испытывать стесненность в средствах. Поэтому многие китайцы предпочитают превращать в столовую часть гостиной, чтобы стены не ограничивали достатка обитателей дома (рис. 19).

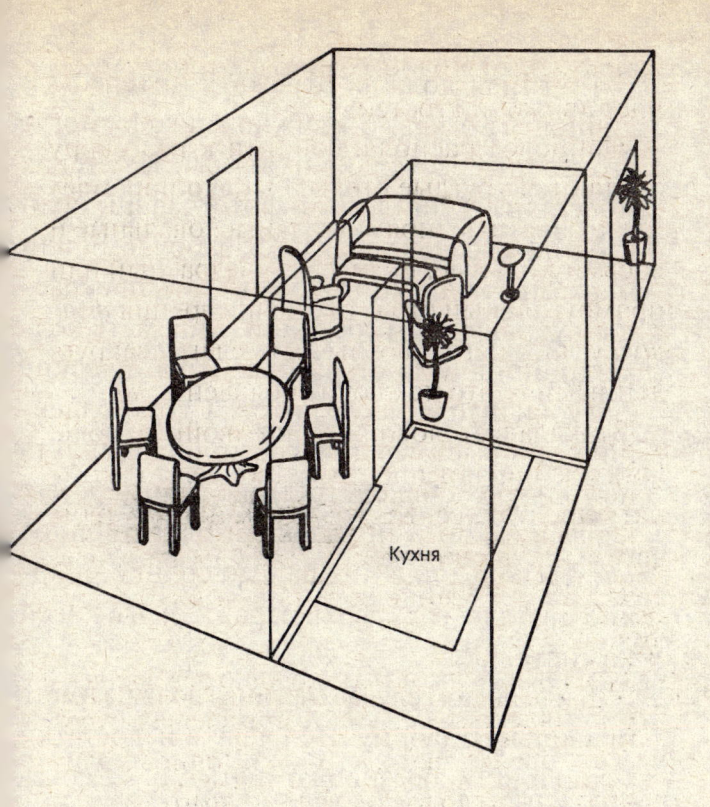

Рис.19. Столовая, совмещенная с гостиной

ГОСТИНАЯ

Гостиная важна потому, что здесь члены семьи собираются, чтобы отдохнуть и поболтать. Здесь же принимают гостей, а следовательно эта комната должна быть приветливой и уютной.

Гостиная должна отражать интересы и личности хозяев. В книжном шкафу могут стоять интересующие их книги. На стенах могут висеть дипломы и фотографии. Если кто-то из хозяев увлекается бабочками или марками, коллекция может стать прекрасным украшением гостиной. Моя мать коллекционировала старинные керамические фигурки цыплят в корзинках. Свою коллекцию она выставляла в гостиной. Цыплята не только сообщали гостям о ее интересе к керамике, но и привлекали благотворное *ци*, поскольку на них падало солнце, и яркие цвета их раскраски отражались по всей комнате.

В идеальном случае гостиная должна иметь правильную форму. Исправить недостатки узкой или Г-образной комнаты могут зеркала. Благодаря зеркалам на стенах, длинная узкая комната начинает казаться более пропорциональной, а два зеркала по обе стороны острого угла, создающего *ша*, заставят его символически исчезнуть.

Мебель также должна отражать особенности личности хозяина. Она должна быть удобной и по размерам соответствовать комнате. Глава семьи должен сидеть в таком месте, откуда он может видеть дверь в комнату, не поворачивая головы.

СПАЛЬНЯ

После кухни спальня — следующая по важности комната квартиры. Все мы спим примерно по восемь часов в день, и поэтому спальня должна быть надежной, безопасной комнатой, в которой мы можем предаваться глубокому спокойному сну.

Наилучшее положение для спальни — как можно дальше от входной двери. В *фэншуй* дом часто разделяют на внешнюю и внутреннюю части. Во внешней части находятся главный вход и комнаты, куда имеют доступ гости, — столовая и гостиная. Во внутренней части располагаются туалет, ванная и спальня.

Важное значение имеет расположение двери спальни. Она не должна находиться на одной прямой со входной дверью, поскольку это сводит на нет безопасность, обеспеченную расположением спальни во внутренней части квартиры. Не должна она находиться и на одной прямой с дверями ванной и кухни, так как в этом случае запахи и негативное *ци* будут проникать в спальню.

Очень важно то, как стоит кровать. Она должна быть расположена так, чтобы лежащий на ней мог видеть всех, кто входит в дверь. Обычно лучше всего ставить кровать по диагонали от двери и **напротив нее**.

Для выбора наилучшего места для кровати можно воспользоваться принципом восьми мест. Вы можете выбрать любое из направлений; выбор определяется только вашими желаниями. Обычно кровать ставят в месте здоровья или долголетия. Однако в расчет следует принять и эстетические соображения. Не должно возникать ощущения, что кровать стоит не на месте или как-то странно. Если нельзя поставить кровать в то место, куда вам хочется, можно по крайней мере сориентировать ее изголовье в соответствующем направлении.

Рис. 20. Кровать в положении смерти

Изножье кровати не должно быть обращено к двери (Рис. 20). Такое положение кровати называется положением смерти, поскольку напоминает китайцам о тех временах, когда гробы выставляли во дворе храма в ожидании благоприятного для захоронения дня. (По традиции мертвецов тоже выносят из комнаты ногами вперед.)

Считается, что оголенные потолочные балки создают *ша*, независимо от того, в какой комнате они находятся. Особенно вредоносными они становятся в спальне, если находятся прямо над кроватью и перпендикулярно ей. У спящего на этой кровати может развиться болезнь именно в той части тела, которая находится под оголенной балкой. Если, например, балка проходит над грудью спящего, очень вероятно, что у него вскоре появятся проблемы с дыхательными органами или боли в области грудной клетки. Если кровать из-под балки убрать нельзя, лучше расположить ее так, чтобы балка проходила вдоль кровати, а не поперек.

Изголовье кровати должно касаться стены. Однако кровать нельзя ставить прямо под окном, поскольку из-за сквозняков вы будете чувствовать себя незащищенными. Если вы этого хотите, можно поставить кровать так, чтобы она касалась стены еще и одной стороной — это даст ей дополнительную опору. Однако ставить кровать таким образом можно только в том случае, когда вы хотите спать в одиночестве. Если кровать не касается стены, ей будет не хватать опоры, и человек на ней будет ощущать беспокойство и не сможет выспаться в полной мере.

Зеркала благотворно влияют на любую часть квартиры, но в спальне их следует использовать с осторожностью. Зеркало нельзя вешать в изножье кровати. Если человек просыпается ночью и видит свое отражение в зеркале, он может принять его за привидение и испугаться. Считается также, что зеркало, повешенное в ногах кровати может привести к осложнениям во взаимоотношениях.

Зеркало не должно висеть и напротив двери в спальню: так оно будет посылать назад всю направляющуюся в комнату энергию, и *ци*, пытающееся проникнуть в комнату, будет сбито с толку.

Зеркало может быть очень полезным, если кровать расположена так, что дверь не находится в поле зрения того, кто лежит на кровати. В этом случае зеркало на стене даст ему возможность видеть входящего, не поворачивая головы.

Просыпаясь утром, вы должны видеть что-то приятное глазу — неважно, будет ли это красивый вид из окна или картина в раме.

Днем через окна в спальню должно попадать достаточное количество света и воздуха. Однако прямой солнечный свет не должен падать на кровать. Часто спальни используют не только для ночного сна, но и для работы и занятий. В этом случае необходимо дополнительное *ци*, чтобы придать нам необходимую энергию для работы или учебы.

Убедитесь, что через окна спальню не атакуют внешние *ша*. Отразить такую атаку могут плотные шторы на окнах. *Ша* могут доставлять особенное беспокойство новорожденным. Если ваш грудной ребенок все время плачет, проверьте, нет ли в комнате внутренних и внешних *ша*. Вполне возможно, после нейтрализации *ша* младенец успокоится.

Не следует ставить рядом с кроватью комоды и туалетные столики, поскольку считается, что они нарушают плавное течение *ци*.

Цвет обоев и ковра в спальне должен соответствовать цвету элемента хозяина или элемента, предшествующего ему в цикле порождения. В комнатах детей предшествующий элемент даже более предпочтителен, чем непосредственный.

ТУАЛЕТ

Туалет по мере возможности следует располагать на внешней стене квартиры и делать его максимально незаметным. Кроме того, туалет должен находиться в одном из негативных мест квартиры. Если туалет находится в зоне богатства, славы или карьеры, благоприятные возможности, возникающие в жизни тех, кто здесь живет, будут смываться в канализацию. Очевидно, что если вы поселились в квартире, где туалет расположен не очень удачно, вряд ли вы сможете перенести его в другое место. Исправить ситуацию можно, если держать крышку унитаза и дверь в туалет закрытыми. Неплохо повесить снаружи на дверь зеркало, чтобы заставить туалет символически исчезнуть.

Туалет не должен находиться в центре квартиры. Негативное *ци* из этого места будет распространяться по всей квартире.

Туалет должен быть не слишком заметен, поэтому его размеры не должны быть чрезмерными. Предпочтительнее раздельные ванна и туалет. В совмещенном санузле рекомендуется отделить унитаз от ванны невысокой перегородкой.

ВАННАЯ

Туалет и ванная символизируют финансовое положение владельцев квартиры, поскольку в этих помещениях используется вода (деньги). Эти помещения не должны быть видны от входной двери и не должны располагаться прямо напротив спальни главы семейства. Не должны они находиться и в зоне богатства.

Наихудшее место для ванной — в центре квартиры. В таком положении негативное *ци* из ванной будет распространяться по всей квартире. В этом случае следует повесить снаружи на дверь ванной зеркало, равное по высоте самой двери, а внутри ванной — два зеркала друг напротив друга. Еще лучше повесить зеркала на всех четырех стенах ванной.

В ванной должны быть хорошие освещение и вентиляция. Цвета должны быть мягкими, создающими ощущение домашнего уюта. В этом помещении хорошо повесить большие зеркала, но не выкладывайте стены зеркальной плиткой — она создает эффект сетки, затрудняющий финансовый поток.

Естественно, в ванной и туалете должна поддерживаться идеальная чистота. Текущие краны — символ потерянных денег. Все неисправности такого рода необходимо устранять немедленно.

ВАННАЯ, СОВМЕЩЕННАЯ СО СПАЛЬНЕЙ

Такие ванные стали в последнее время чрезвычайно популярны, и часто их наличие специально подчеркивается в рекламе. К сожалению, в соответствии с принципами *фэншуй*, между спальней и ванной должно существовать четкое разделение, и следовательно, мы не можем рекомендовать такую планировку, поскольку негативное *ци* из ванной проникает в спальню, мешая здоровому отдыху. Если у вас именно такая ванная, держите ее дверь постоянно закрытой.

В вашей квартире, возможно, есть все или большинство из названных выше комнат. Но если размеры квартиры невелики, большинство из названных комнат будут объединены в одну. В следующей главе мы рассмотрим особенности квартиры-студии.

ГЛАВА 7

КВАРТИРЫ-СТУДИИ

Студия — это квартира, состоящая из основной комнаты, отдельной кухни или кухни, помещенной в алькове комнаты, и ванной. Мне приходилось бывать в нескольких домах, где ванная была коммунальной, то есть ею пользовались обитатели двух студий, расположенных на одном этаже.

Такие квартиры нередко чрезвычайно малы, а обитатели склонны загромождать их мебелью, затрудняющей свободное течение *ци*. Беспорядок — еще один бич маленьких квартир, и живущим в них требуется быть чрезвычайно организованными и дисциплинированными, чтобы держать все на своих местах.

Наилучшие студии — квадратные, прямоугольные и Г-образные. В *фэншуй* Г-образная форма обычно считается нежелательной, однако в данном случае она позволяет создать почти отдельное помещение для спальни или столовой.

При помощи влияний *багуа* или своей триграммы определите позитивные и негативные места квартиры. Для небольшой студии лично я предпочел бы воспользоваться принципом влияний *багуа*, хотя непременно проверил бы и принцип триграмм, чтобы выяснить, принадлежит ли квартира к той же группе, что и моя триграмма.

Наиболее важным в студии является местоположение кровати. После того как вы определите его, остальное пространство организуется вокруг. Вам может повезти, и в студии окажется два или три места, благоприятных для установки кровати. В этом случае делайте выбор, руководствуясь принципами влияний *багуа* или восьми мест. Однако обычно, особенно в маленьких квартирах, для кровати находится только одно подходящее место.

Кровать должна иметь защиту, которую можно обеспечить с помощью ширмы или книжного шкафа. Кровать должна касаться стены, а ее изножье не должно быть обращено к двери. Кровать не должна быть зажата стенами или мебелью. Как-то мне пришлось несколько ночей подряд спать на кровати, стоявшей в алькове. Кровать касалась стен с трех сторон, и я чувствовал тесноту и давление, хотя у самой кровати были нормальные размеры. Тот, кто проспал в такой кровати длительное время, и в жизни будет испытывать ограничения и давление.

В квартире со скошенным потолком кровать следует ставить в том месте, где высота потолка максимальна. Чем ниже потолок, тем более ограничено *ци*. Скошенные потолки и открытые потолочные балки мешают току *ци*.

Многие днем используют кровать в качестве дивана. В этом случае ее следует сделать как можно более похожей на диван. Используйте для этого яркое покрывало и большие подушки. Если вы не пользуетесь кроватью днем, закрывайте ее ширмой.

Если у вас кухня не отделена от основной комнаты, ее тоже следует закрывать ширмой, когда вы ею не пользуетесь.

Поставьте стол так, чтобы на него падало как можно больше света. Так будет веселее, а кроме того, это важно, если вы не только работаете, но и обедаете за этим столом.

Освободите место вокруг стола. Во время еды или работы нам должно быть просторно.

Диван или тахту следует поставить так, чтобы сидящему на ней было удобно и уютно. Где бы вы ни сидели, вы должны видеть входную дверь. Если вы много времени проводите на диване, поставьте его так, чтобы видеть дверь, не поворачивая головы.

После того как кровать, стол и диван нашли свои места, остальную мебель можно расставить по вашему усмотрению.

Квартира должна создавать ощущение уюта и гармонии, поэтому вам следует подумать о том, как приспособить ее под свои интересы. Естественно, ваша квартира должна отражать вашу личность и интересы даже в том случае, если вы намереваетесь прожить там короткое время. Фотографии и другие памятные вещи следует выставить там, где они будут хорошо видны.

Если вы работаете в своей квартире, ее жилую и рабочую части следует отделить друг от друга. Один мой приятель, который пытается сделать карьеру в качестве сценариста в Голливуде, работает за столом, поставленным так, что кровать находится у него за спиной, вне зоны видимости. У него прекрасный вид из окна, и в каком-то смысле во время работы он находится вне дома.

Закончив работать, он закрывает стол с компьютером ширмой. То есть во время работы он сосредоточен на том, что пишет, и обстановка квартиры его не отвлекает. А когда трудовой день закончен, рабочее место скрыто от глаз, так что он может наслаждаться отдыхом, не вспоминая о работе. Кстати, стол у него стоит в зоне славы.

ТЕСТ ДЛЯ КВАРТИРЫ-СТУДИИ

Встаньте в дверях своей квартиры и осмотрите ее как бы впервые, глазами гостя. Задайте себе следующие вопросы:

— Заметен ли беспорядок? Если заметен, то *ци* не течет по квартире плавно, что может пагубно отразиться на ваших делах и здоровье. Найдите для каждой вещи свое место.

— Даже если квартира небольшая, создает ли она ощущение простора? Можно при помощи зеркал символически удвоить объем жилого пространства. Особенно важно иметь свободное место вокруг кровати и стола.

— Достаточно ли света — особенно вблизи двери, — чтобы привлечь *ци*? Большая часть *ци* попадает в квартиру через главный вход, и эта часть квартиры должна быть особенно хорошо освещена, чтобы привлечь энергию и придать вашему жилищу теплый и приветливый вид.

— Нет ли в вашей квартире мрачных темных углов? Энергия застаивается в темных местах. Повесьте кристаллы, добавьте освещение, чтобы привлечь сюда благотворное *ци*.

— Чувствуете ли вы облегчение, войдя в свою квартиру? Ваша квартира — ваш дом, место, где вы должны чувствовать себя легко и свободно. Закрыв за собой дверь, вы можете оставить все заботы за порогом. Если вы не чувствуете этого, следует предпринять все меры, чтобы улучшить *фэншуй* квартиры и почувствовать себя в ней действительно, как дома.

— Приятна ли вам цветовая гамма? В идеальном случае цвета квартиры должны соответствовать вашему элементу. Вы никогда, например, не почувствуете себя, как дома, в квартире с голубыми обоями (цвет воды), если ваш элемент — огонь.

— Выставлены ли где-нибудь на видном месте предметы, отражающие ваши интересы? Много лет назад я несколько месяцев прожил в небольшой квартирке в Глазго. Сама квартирка была унылой, но она стала для меня домом, как только я повесил на стену несколько медных чеканок, сделанных мною собственноручно. Когда я приходил домой, первым делом на глаза мне попадались эти чеканки, я и сразу же вспоминал о тех приятных деньках, когда я бродил по сельским церквам в поисках всевозможных медных украшений для копирования.

— Видна ли входная дверь с вашей кровати и с того места, где вы обычно сидите? Ведь вы знакомы с выражением «удар в спину». Сидя спиной к дверям, вы символически беззащитны, даже если живете один в маленькой квартире. Вы подсознательно ощущаете бо́льшую уверенность, когда вам видна входная дверь.

— Не атакуют ли *ша* вашу дверь и окна? Нейтрализуйте существующие *ша* средствами *фэншуй*. Наиболее эффективное из этих средств — зеркало *багуа*, кроме того, можно воспользоваться кристаллами или музыкой ветра.

— Активизированы ли зоны квартиры, соответствующие тем областям жизни, в которых вы бы хотели добиться успеха? Если вы хотите больше узнать о каком-либо предмете, поместите что-либо, имеющее к нему отношение, в зону знаний. Если вы хотите найти спутника жизни, поместите какой-нибудь символ любовных отношений в зону брака. Добавьте света в зонах, которые вас особенно интересуют. Поддерживайте в них чистоту и порядок.

Как видите, однокомнатная квартира приводится в соответствие с принципами *фэншуй* точно таким же образом, как и большая квартира или дом. С той лишь разницей, что здесь для различной деятельности отводятся не отдельные комнаты, а участки одного помещения.

Я бывал во многих квартирах-студиях, которые были более уютными, приветливыми и просторными, чем большие квартиры, где не удосужились подумать о *фэншуй*.

Несколько лет назад один человек сказал мне, что никогда не разбогатеет, пока живет в однокомнатной квартирке, зажатый четырьмя стенами. Пока он чувствовал себя таким образом, его утверждение было справедливо. Однако если бы он в своей квартире уделил внимание *фэншуй*, например, активизировав сектор богатства, то испытал бы ощущение изобилия и в конце концов заработал бы столько денег, сколько ему было нужно.

Размер квартиры не влияет на здоровье, материальное и духовное благополучие. Если вы правильно организуете свои вещи и пространство, даже самая крошечная квартирка станет раем, дающим вам все, что вы пожелаете.

ГЛАВА 8

ОЦЕНКА ПО ФЭНШУЙ

Теперь, познакомившись с основами *фэншуй*, вы, к своему удивлению, каждый раз, оказавшись в незнакомом месте, будете пытаться оценить его с этой точки зрения. У меня обычно еще до того, как я рационально оценю те или иные зоны дома или квартиры, возникает некое интуитивное восприятие. Я не перестаю восхищаться тому, что, хотя большинство людей обставляет свои квартиры, не будучи знакомы с принципами *фэншуй*, на 95 процентов они делают это «правильно». Бо́льшая часть моей работы как консультанта состоит скорее в доводке, нанесении окончательных штрихов, а не в крупных изменениях.

Приведу совсем свежий пример. Боб и Линда — мои друзья. Недавно они поженились и подумывали о покупке квартиры на первом этаже небольшого кондоминиума. Прежде чем принять окончательное решение, они попросили меня придти и взглянуть на него.

Боб родился 3 октября 1968 года, то есть его триграмма — Кунь. Дата рождения Линды — 19 сентября 1972 года, ее триграмма — Гэнь. Оба они принадлежат к группе западных домов, и лучше всего им жить в квартире, задняя сторона которой выходит на северо-запад, юго-запад, северо-восток или запад.

Я с удовольствием отметил, что выбранная ими квартира выходит задней своей стороной на северо-восток (рис. 21). Это было прекрасным началом.

По извилистой дорожке мы прошли ко входу в квартиру. На дверь не было направлено никаких явных *ша*, и от входа была видна река. Это был благоприятный знак, потому что вода, протекающая перед главным входом, дает возможность финансового процветания. Вид на реку стал бы еще лучше, если бы они срезали часть живой изгороди.

Дверь квартиры открывалась прямо в просторную гостиную. Ее заливало послеполуден-

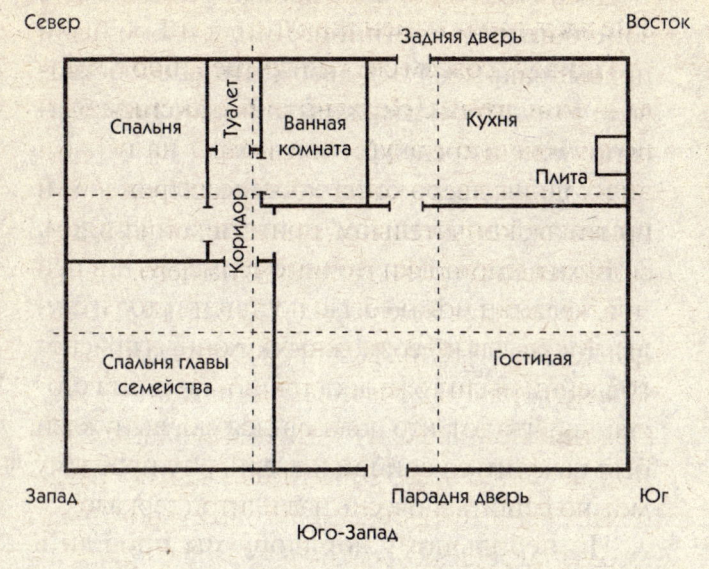

Рис. 21. Квартира Боба и Линды

ное солнце, и комната выглядела теплой и уютной. С порога я мог видеть кухню и дверь запасного выхода в ней. Кроме того, была видна дверь, ведущая в спальни. Дверь запасного хода не должна быть видна от входной двери, поскольку вошедшее *ци* будет стремиться сразу же покинуть квартиру. От входной двери не должна быть видна и кухня, поскольку ваши гости будут сразу же думать о еде. Но когда вы ничего не готовите, дверь на кухню можно держать закрытой, а это эффективно решает обе проблемы.

Дверь, ведущая к спальням, находилась в зоне богатства гостиной. Линда и Боб были правы, закрывая эту дверь: это способствовало тому, чтобы удерживать финансовое благополучие в пределах гостиной.

Входная дверь была хорошо освещена, и гостиная, как магнитом, притягивала *ци* в дом.

Кухня имела достаточные размеры, и в ней при желании можно было поставить стол и стулья. Места для всевозможных кухонных приспособлений было тоже достаточно, но плита стояла так, что тот, кто пользовался ею, вынужден был находиться спиной к двери. Эту проблему можно решить, повесив над плитой зеркало.

По небольшому коридору мы прошли в главную спальню. Она была просторной, но довольно темной и холодной на вид, поскольку все окна выходили на северо-запад, то есть в нее практически не попадал солнечный свет. Я порекомендовал Бобу и Линде повесить здесь кристалл и усилить освещение, чтобы привлечь в эту комнату больше *ци*.

Более серьезную проблему представляло то, что дверь в спальню находилась прямо против двери туалета, то есть негативное *ци* устремлялось прямо в спальню. Чтобы исправить ситуацию, дверь туалета следует держать постоянно закрытой.

Вторая спальня выходила окнами на север и тоже была на вид довольно холодной. Разница температур в гостиной и спальнях оказалась просто невероятной. В этой комнате следовало каждое утро поднимать жалюзи, чтобы внутрь попало как можно больше солнечного света.

Было бы неплохо разнести туалет и ванную по разным помещениям. Это удобнее пользователям и способствует рассеянию негативного *ци*.

В целом эта квартира показалась мне очень приятной, хотя в ней и были незначительные недостатки, устранить которые можно было без особого труда.

Затем я нарисовал план квартиры и наложил на него магический квадрат, чтобы рассмотреть влияния *багуа*.

Зона богатства пришлась на две трети второй спальни, треть коридора и бо́льшую часть туалета. Расположение туалета было в этой квартире самой серьезной проблемой, так как в этой ситуации все богатство семьи смывалось бы в канализацию. Не лучшим фактором была и темная холодная спальня, которая в большей степени отпугивала, чем привлекала благотворное *ци*.

Средство решения первой из этих проблем — закрытая дверь туалета. Я рекомендовал Бобу и Линде повесить на дверь туалета снаружи большое — желательно в размер двери — зеркало. В самом туалете нужно было повесить по зеркалу на противоположных стенах, чтобы заставить это помещение символически исчезнуть. Зеркала на всех четырех стенах еще более эффективны.

В спальне следует прибавить тепла и света. Кристалл на красной ленточке привлечет *ци*, тот же результат даст и дополнительное освещение. Шторы здесь следует раздвигать ранним утром, чтобы в комнату попало как можно больше утреннего солнца.

В дополнение к этому для привлечения богатства следует принять соответствующие меры в спальне. Элемент Боба — земля, Линды — вода. В цикле порождения между ними находится металл. Металл символизирует деньги, и он вдвойне благоприятен для этой пары, поскольку нейтрализует противостояние их элементов в цикле разрушения. Чтобы улучшить свои финансовые перспективы Бобу и Линде в этой комнате следует держать какой-нибудь привлекательный металлический предмет. Это может быть простое украшение или что-то более конкретно связанное с деньгами, например, висящие на стене китайские монеты на красной нити.

В этой комнате к месту придется и аквариум с рыбками. Правда, здесь темно и прохладно, и, возможно, более удачное место для аквариума — это зона богатства в гостиной, где им будут восхищаться гости и хозяева.

В зоне славы находятся ванная и часть кухни. В обоих этих помещениях пользуются водой, а это означает, что репутация семьи в обществе будет ухудшаться.

Чтобы исправить ситуацию, следует побудить *ци* подняться от фановых труб. Это можно сделать при помощи кристаллов, а рядом с задней дверью, которая также расположена в зоне славы, можно повесить музыку ветра желтого, зеленого, коричневого, синего или черного цвета. (Это цвета элементов земли и воды, к которым принадлежат Боб и Линда.)

Кстати, наличие задней двери — это большой плюс; в *фэншуй* дома без задней двери считаются опасными, поскольку войти и выйти в них можно единственным путем. Во многих квартирах нет запасного хода, и Бобу и Линде эта квартира понравилась в частности и потому, что здесь запасный ход был.

Сектор брака приходится на ту часть кухни, в которой стоит плита — основа счастья и удачи семьи. Как правило, кухня — не лучшее место для зоны брака, но принимая во внимание ее размеры, можно предположить, что Боб и Линда проведут здесь немало счастливых часов вдвоем.

Однако их отношения не должны исчезнуть, как вода, уходящая из дома по трубам, поэтому здесь им следует расставить и развесить предметы, которые напоминают им о любви и любовных отношениях. Это могут быть их общие фотографии, поздравительные открытки, любовные письма и картины с любовными сценами.

В секторе семьи находятся треть спальни хозяев, треть второй спальни и две трети коридора. Эта зона связана со здоровьем и благополучием тех, кого мы любим, и в данном случае она расположена очень удачно.

Зона детей занимает четверть гостиной. Боб и Линда пока не собираются обзаводиться детьми, так что эту зону они активизировать не будут. (В противном случае они могли бы повесить здесь фотографии малолетних родственников, выставить игрушки или что-то еще, напоминающее им о детях.)

Сектор знаний приходится на бо́льшую часть хозяйской спальни. Здесь, конечно же, лучше не спать, а хранить книги, документы и держать офисное оборудование. Однако в этой комнате можно будет и успешно учиться. Линда учится на курсах декораторов интерьера, и заниматься здесь ей будет легко.

Зона карьеры занимает четверть гостиной, в которой находится и входная дверь. Здесь хорошо будет поставить стол, телефон и все, что имеет отношение к карьере супругов. Эта зона уже достаточно хорошо освещена, но ее можно активизировать дополнительно, повесив кристаллы. (Линда собирается купить хрустальную люстру для гостиной — это активизирует *ци* во всей квартире, в том числе и в гостиной.)

Оставшуюся часть гостиной занимает сектор учителей. Линда живо интересуется ангелами-хранителями, и собирается активизировать эту зону изображениями ангелов.

Описанная квартира довольно стандартна в том смысле, что в ней есть как плохие, так и хорошие места. Найти идеальную квартиру невозможно, а средства, необходимые для нейтрализации недостатков этой квартиры, минимальны.

Однако до того, как сообщить Бобу и Линде эту хорошую новость, я провел анализ по системе «восьми мест».

Квартира задней стороной выходит на северо-восток, и относится к триграмме Гэнь. Она находится в углу дома, задняя сторона которого тоже выходит на северо-восток.

Позитивные направления это северо-восток (основное), северо-запад (здоровье), запад (долголетие) и юго-запад (процветание). Негативные — юго-восток (смерть), юг (катастрофы), восток (шесть *ша*) и север (пять духов).

Основное направление захватывает ванную и четверть кухни. Это место часто называют местом «хорошей жизни», и оно прекрасно подходит для кроватей и дверей. К сожалению, в обоих помещениях здесь мы имеем дело с текущей водой, и этот негативный момент придется исправлять. Идеальными средствами исправления станут дополнительное освещение, кристаллы и аквариум.

Направление здоровья — северо-запад, здесь в нем оказались треть спальни хозяев и треть второй спальни, а также две трети коридора. Это превосходное место для хозяйской спальни, и если его простимулировать, то в дом придут друзья, а хозяева всегда будут пребывать в добром здравии.

Направление долголетия — запад. На него приходятся две трети спальни хозяев — лучшего нельзя и пожелать, поскольку такое расположение принесет мир, гармонию, покой, счастье и долгую жизнь тем, кто спит в этой комнате.

Направление процветания — юго-запад, здесь мы видим четверть гостиной. Это самое счастливое направление в квартире. Здесь может стоять стол, за которым подсчитываются семейные расходы. Люстра, которую собирается повесить Линда, крайне благоприятно повлияет на благополучие семьи. Это же направление является наилучшим и для входной двери.

Первое из негативных направлений — направление смерти — находится на юго-востоке.

Оно приходится на часть гостиной и является наихудшим местом в этой квартире. Здесь было бы самое место туалету или ванной. Данное направление связано с болезнями, несчастными случаями и невезением. К счастью, люстра в центре гостиной будет освещать это место, увеличивая количество позитивной энергии.

Направление катастроф — юг. Оно приходится на вторую четверть гостиной и связано с гневом, спорами и конфликтами. Здесь не следует ставить кресло или диван. Лучше всего разместить здесь телевизор или музыкальный центр.

Направление шести *ша* — восток. Оно занимает две трети кухни, что вполне приемлемо.

Последнее из направлений — пять духов — приходится на север. На него попадают две трети второй спальни, туалет и две трети коридора. Туалет здесь вполне на месте. Однако это направление связано с пожарами и воровством, так что в этой части дома лучше не курить и запирать ее каждый раз, покидая квартиру.

Все это я рассказал Бобу и Линде и посоветовал им покупать квартиру. Сейчас они очень счастливы в своем новом доме. У Линды инстинктивное чутье — она знает, как расставить мебель, чтобы та не мешала свободному течению *ци*, а квартира имела приветливый, уютный вид.

Вот еще один пример, на сей раз это однокомнатная квартира. Брюс — в прошлом электрик, сейчас он изучает право. Он обратился ко мне потому, что бывшая подруга предупредила его о внутреннем *ша* в квартире. Брюс родился 4 июля 1972 года, то есть его триграмма — Кань, относящаяся к восточным домам. Его квартира тоже относится к Кань, поскольку задняя ее сторона выходит на север.

Однокомнатная квартира Брюса находится в доме, которым раньше пользовались, как особняком. Сейчас здание сильно обветшало и перепланировано на дюжину небольших квартир. Обитатели остальных квартир пользуются центральным входом, но у Брюса вход отдельный, через длинный темный коридор. Его комната находится в конце этого коридора (рис. 22).

Его подруга сочла, что коридор создает *ша*, поскольку он тянется по прямой. Это правда, но *ша* направлено на глухую стену в конце, так что оно не оказывает непосредственного влияния на Брюса. Основная проблема здесь заключается в том, что *ци* набирает скорость при движении по прямой, натыкается на стену и рикошетом попадает в квартиру. Я предложил ему повесить по зеркалу на стенах коридора. Это замедлит движение *ци*, поскольку оно сначала направится к одному зеркалу, затем к другому на противоположной стене, замедлив движение и двигаясь по

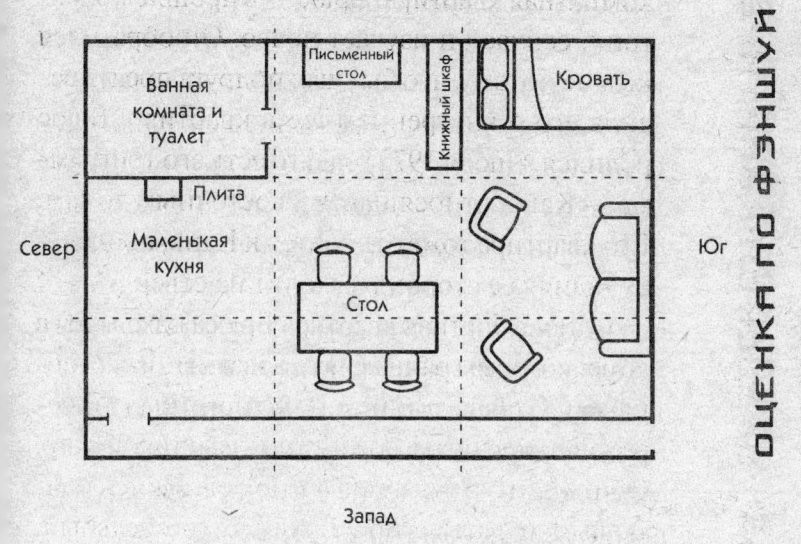

Рис. 22. Квартира Брюса

извилистой траектории. Поскольку Брюса взволновали слова его подружки, я порекомендовал ему повесить в конце коридора большое зеркало, чтобы отразить *ша*.

У Брюса имелась люстра с несколькими хрустальными подвесками. Он не повесил ее, поскольку не собирался долго жить в этой квартире. Я посоветовал ему все же повесить люстру недалеко от входа в квартиру — это привлекло и равномерно распределило бы *ци* по всему помещению. Кроме того, неплохо было бы улучшить освещение и в коридоре.

Для Брюса это не составляло труда — ведь раньше он был электриком.

Из дверей открывался вид практически на всю квартиру: прямо за входом находилась небольшая кухня, совмещенная с комнатой, за ней — ванная. Справа стояли стол и несколько стульев, а дальше — диван и кресла.

У дальней стены, примыкающей к ванной, стоял письменный стол, который был отделен от кровати стеллажом с книгами. Комната была довольно приветливой и удобной.

Я начал обследование с влияний *багуа*. Этот принцип приложим к каждому помещению в отдельности. Начал я не с уличного входа, а с двери, ведущей в комнату Брюса.

При таком подходе зона богатства практически отсутствовала — ее место занимала ванная. Брюс засмеялся, услышав это: параллельно с учебой он работает в трех местах.

Я посоветовал ему повесить два зеркала по сторонам угла, образованного стенами ванной комнаты. Это способствовало решению и еще одной проблемы: готовя у плиты, Брюс стоял спиной к двери. Это означало, что символически он был не защищен, хотя он и жил один, а любой вошедший в его квартиру должен был сначала пройти по длинному коридору. Зеркало на стене позволило бы ему видеть входящих в комнату, не поворачивая головы.

Место, где Брюс готовится к занятиям, расположено в зоне славы. Это удачный выбор, поскольку Брюс собирается добиться известности, занявшись адвокатской практикой.

Стеллаж с книгами также находится в хорошем месте. Когда Брюс занимается, книги у него под рукой, а кроме того кровать отделена от рабочего места.

Кровать расположена в зоне брака. Это рассмешило Брюса, так как он только что разорвал давние отношения с девушкой и пока не собирался заводить новую подружку. Односпальная кровать, казалось, подчеркивала это. Единственным источником света здесь была лампа, которую Брюс включал, читая в постели. Решившись на новый роман, он легко сможет активизировать эту зону при помощи дополнительного освещения, кристалла или соответствующего плакатика.

Кухня находилась в зоне семьи. Это неплохо, поскольку Брюс радушный хозяин и любит принимать друзей. Он прекрасный повар и много времени проводит в этой части комнаты за приготовлением угощения. Единственный недостаток его кухни связан с положением плиты, что легко исправить при помощи зеркала, как мы уже говорили выше.

Центр удачи занят столом и стульями, которые частично находятся и в зоне карьеры.

Брюс и его гости будут прекрасно проводить время за столом, беседуя на самые разные темы. Поскольку многие из его друзей такие же студенты, бо́льшая часть разговоров будет посвящена учебе и будущей карьере.

Кстати, Брюс интуитивно пришел к тому, что я часто советую тем, кто живет один. Большинство людей в такой ситуации все время пользуется одним и тем же стулом. Брюс намеренно время от времени меняет место, чтобы, как он выражается, «взглянуть на мир под другим углом». *Фэншуй* трактует это по-иному. Пользуясь всеми стульями, вы как бы приглашаете гостей. Если же вы постоянно сидите на одном и том же месте, то вы символически советуете гостям держаться подальше от вашего дома.

Диван и два кресла стоят в зонах детей и учителей. Брюс счел, что они расположены очень удачно, потому что у него бывают самые разные гости. Некоторые из них любят повеселиться, что соответствует зоне детей, другие — старые друзья, что, по мнению Брюса, отвечает зоне учителей. И те, и другие чувствовали себя прекрасно в этой части комнаты.

Я посоветовал Брюсу чаще сидеть на диване, а не в креслах. С дивана он может видеть всю комнату сразу — это господствующая позиция. Зона знаний в этой квартире пропадает зря: на нее приходится входная дверь. На полу, рядом со столом, я заметил несколько стопок книг и посоветовал Брюсу купить книжную полку и поставить ее в зоне знаний.

Сектор карьеры частично занимали стол и стулья. Рядом на стене висела фотография дедушки Брюса, в прошлом судьи. Брюс повесил ее здесь случайно, но для нее здесь было самое место — это фото напоминало Брюсу об избранной им профессии.

Основной проблемой в этой квартире был беспорядок. Брюс — человек довольно неорганизованный, и у него повсюду валяются бумаги и папки. С этим, однако, нетрудно справиться. Когда он купил полку, книги были убраны с пола и появилось место для бумаг.

Очевидно, Брюс обладал неплохой интуицией и в основном верно распорядился пространством своей квартиры. Внеся по моему совету некоторые изменения в обстановку, он обнаружил, что ему стало легче учиться, и сейчас ему остался один год до получения диплома юриста.

Я также обследовал квартиру Брюса в соответствии с принципом восьми мест. Обследование начинается с направления, на которое выходит задняя сторона квартиры — в данном случае это север.

Основное место расположено на севере, оно приходится на кухню. Это очень благоприятное место, в нем хорошо было бы поставить кровать. Однако Брюс любит готовить, и для него расположение кухни в этом месте благоприятно.

Место здоровья находится на востоке. Здесь Брюс занимается. Такое расположение письменного стола придает ему силы, необходимые для многочасовых занятий.

Направление долголетия — юг, там, где у Брюса стоят диван и кресла. Это место источник мира и гармонии, а значит, гости Брюса будут здесь приятно проводить время.

Направление процветания — юго-восток. Здесь у Брюса стоит кровать. Лучше всего было бы поставить здесь стол, а сейчас это место освещено хуже других в квартире. Однако в настоящее время он занят учебой и больше думает о ней, чем о деньгах. Тем не менее, деньги ему не помешают, и Брюс может активизировать это место, улучшив в нем освещение. Если он опасается, что такая активизация подтолкнет его к новому увлечению (поскольку эта зона, согласно влияниям *багуа*, является зоной брака), сюда можно поместить небольшую металлическую коробочку с монетами, чтобы привлечь деньги, а не любовные отношения.

Брюс интуитивно разместил кровать так, чтобы спать головой в основном направлении. В данном случае он мог бы спать головой и в противоположном направлении, поскольку для него это направление долголетия. Мне не нравилось лишь то, что лежа в кровати он не мог видеть входную дверь. Однако эта проблема легко решилась при помощи зеркала.

Направлением смерти является юго-запад. Здесь расположена входная дверь, и этот сектор частично захватывает зону отдыха. Лучше всего было бы разместить здесь туалет, входная же дверь расположена здесь крайне неудачно. К счастью, входная дверь выходит на юг. Если бы она выходила на юго-запад, Брюс рисковал бы потерять деньги и репутацию. Усилив здесь освещение, Брюс в значительной степени снизил негативное влияние этого направления.

Направление катастроф находится на западе. Этот сектор захватывает среднюю треть коридора и часть обеденной зоны со столом и стульями. Это направление связано с конфликтами и спорами. К счастью, у Брюса в этой комнате достаточно света, привлекающего благотворное *ци*. Я предложил ему повесить в этом секторе недалеко от стены кристалл.

Направление шести *ша* находится на северо-западе. Здесь расположена дверь, ведущая из коридора в комнату. Это направление связано с юридическими проблемами и болезнями. Зеркало в конце коридора и дополнительное освещение, которое Брюс в конце концов оборудовал, эффективно нейтрализуют негативное влияние направления, символизирующего еще и всяческие проволочки. К счастью, эта часть помещения служит только входом. У Брюса просто нет времени сидеть сложа руки.

Направление пяти духов — северо-восток, там, где у Брюса располагается ванная. Это прекрасное место для ванной и туалета; оно связано с пожарами и кражами. Уходя из дома, Брюсу следует запирать окна в ванной.

Брюсу очень понравился этот *фэншуй*-анализ. Он купил несколько книг на эту тему и собирается заняться изучением *фэншуй*, когда для этого будет время. Эти книги он поставил на полку в зоне шести *ша*. Я сомневаюсь, что у Брюса будет время изучать *фэншуй*, пока он не переедет в другую квартиру.

Я надеюсь, что эти примеры показали вам выгоды анализа помещений двумя разными системами. Влияния можно применить быстро и без специальных инструментов. Для того чтобы эффективно использовать метод восьми мест, вам понадобятся компас и точный план помещения. Вместе оба эти метода позволят вам провести точную оценку пространства вашей квартиры и внести в нее необходимые изменения.

ГЛАВА 9

РАССТАНОВКА МЕБЕЛИ

Теперь вы знаете о важности энергии *ци* и о том, что она должна беспрепятственно течь по помещению. Расставляя мебель, необходимо принять это во внимание, поскольку шкаф или стол, оказавшиеся не на месте, легко могут нарушить плавное движение *ци*. Особенно это относится к крупным предметам, которые лучше ставить у стен.

Недавно меня пригласили сделать *фэншуй*-анализ квартиры одной одинокой пожилой дамы. В ее небольшой квартирке было столько мебели, что я спросил, не занимается ли она торговлей предметами старины. Оказалось, что мебель досталась ей в наследство от нескольких родственников и она не выбросила ни единой вещи. Хотя мебель была действительно красивая, она не оставляла в квартире свободного пространства.

В комнате должны быть как заполненные, так и пустые пространства. Это обеспечивает равновесие энергий *инь* и *ян*. Есть комнаты, в которых вся мебель собрана в одном месте, отчего создается впечатление, что комната вот-вот перевернется (рис. 23). Мебель следует расставлять так, чтобы создавалось ощущение равновесия.

Неплохо оставлять вокруг каждого предмета мебели некоторое свободное пространство, что

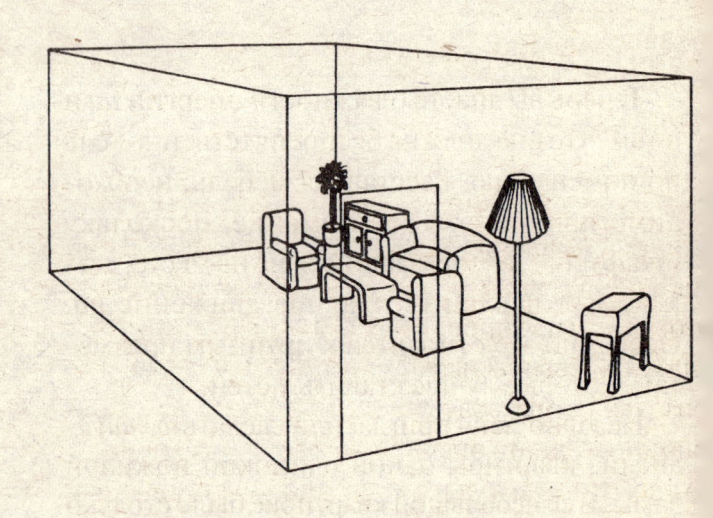

Рис. 23. Разбалансированная комната

обеспечит свободную циркуляцию *ци*. Это справедливо и в отношении кроватей. Один мой друг в течение нескольких месяцев спал на матрасе в квартире своего приятеля. Он удивился, обнаружив, что стал бодрее и энергичнее, снова начав спать на кровати. Очень важно, чтобы *ци* циркулировало под кроватью и вокруг нее, обеспечивая спящему на ней полноценный отдых.

Очень важно и то, как кровать сориентирована. Кровать, поставленная в неверном направлении, может оказать самое пагубное воздействие на отношения людей или на карьеру. Ваша кровать должна быть сориентирована в одном из благоприятных направлений.

Размеры обеденного стола должны соответствовать размерам столовой. Во многих квартирах нет отдельной столовой, и это рассматривается в *фэншуй* как достоинство. Китайцы считают, что если столовая полностью изолирована от остальных помещений, финансовые возможности семьи будут ограничены. Поэтому с точки зрения *фэншуй* хорошо, когда обеденный стол стоит в гостиной.

В столовой мебели должно быть меньше, чем в остальных комнатах. Люди должны вставать из-за стола и садиться, не чувствуя никакой ограниченности в движениях и тесноты.

Обеденные столы обычно имеют прямоугольную форму, и это неплохо, поскольку большинство столовых тоже прямоугольны. Хороши также круглые, овальные и восьмиугольные столы. Хозяину и хозяйке следует сидеть на противоположных концах прямоугольного стола. Если хозяин только один, он может продемонстрировать свое уважение старшему гостю, посадив его во главу стола, лицом ко входу.

В гостиной кресла и диваны не должны стоять спинками к дверям и под открытыми потолочными балками, а также напротив любых *ша.*

Кресла и диваны получают поддержку от стен, когда стоят вплотную к ним. Человек никогда не почувствует себя комфортно, если ему приходится сидеть спиной к окну или к дверям.

Диваны и кресла не должны стоять слишком близко друг к другу, чтобы сидящие в них не ощущали тесноты. Ощущение тесноты создают и кофейные столики, поставленные вплотную к дивану. Кресла и диваны не следует ставить слишком близко к камину: гостям должно быть тепло, но не жарко.

Важно, чтобы с места главы семейства был виден вход в комнату (рис. 24). Место по диагонали от входа называется господствующей позицией, оно дает сидящему здесь власть и авторитет. Вообще, чем больше присутствующих в комнате видит вход, тем лучше. Удачно повешенное зеркало позволит видеть его и тем, кто сидит спиной к дверям. Знак уважения — предложить гостю место, с которого вход виден наи-

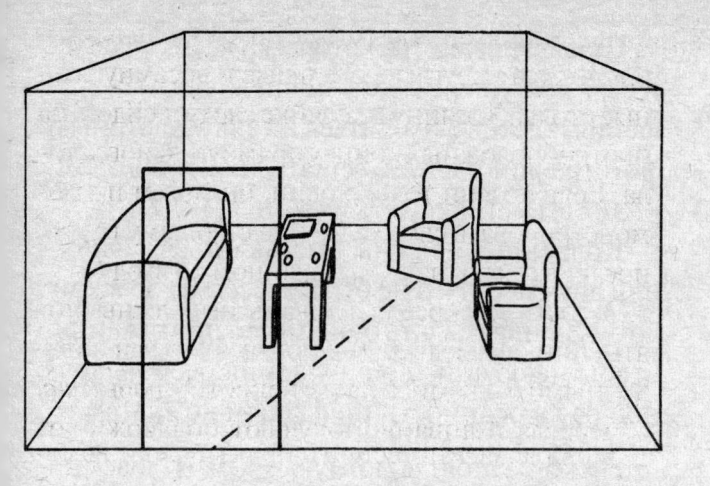

Рис. 24. Господствующее положение

лушим образом. Когда же вы не принимаете гостей, занимайте это место сами. (Помните, однако, о необходимости время от времени сидеть и на других стульях и креслах, если вы хотите, чтобы к вам приходили гости.)

Мебель должна стоять так, чтобы не затруднять общения людей. Жесткие, неудобные стулья и кресла создают ощущение неудобства и мешают течению доверительного разговора. Если мебель расставлена полукругом, по кругу или образует восьмиугольник, это способствует общению. Треугольные и Г-образные формы создают *ша* в виде стрелы. Этого не происходит, когда мебель стоит в форме буквы Г у стены в углу.

Ставьте предметы, которыми часто пользуетесь, в доступные места. Ваши любимые украшения должны находиться на виду. Картины и фотографии следует вешать таким образом, чтобы вы могли видеть их и сидя, и стоя.

Коллекции должны выставляться в одном или двух местах, а не быть рассеяны по всему дому. Лучше создать одно место притяжения, чтобы не возникало ощущения беспорядочной разбросанности по разным комнатам.

Зеркала можно вешать практически всюду. В гостиной они могут висеть так, чтобы те, кто сидит спиной к дверям, могли видеть в них вход. Обычно зеркала вешают и над камином. Зеркала связаны с энергией воды, поскольку их поверхность отражает, как и водная гладь, и зеркало над камином уравновешивает энергию огня.

Осветительные приборы освещают темные углы и создают хорошее настроение. Иногда вам требуется приглушенный свет, но в остальное время желательно яркое освещение. Свет не только создает хорошую атмосферу в помещении, но и привлекает *ци*, а потому общее правило гласит: помещения должны быть освещены как можно ярче.

Начинать расстановку мебели следует с самого важного предмета обстановки. В спальне это будет, конечно, кровать. В столовой наиболее важным является стол, а в гостиной — диван. Исходя из места, найденного для главного предмета, расставляйте остальные.

Центр квартиры — место удачи. Центр удачи есть в каждой комнате. В идеальном случае это место должно быть полностью свободно от мебели, чтобы *ци* могло свободно течь по комнате. Единственным исключением из этого правила является столовая: здесь *ци* может свободно циркулировать под столом, рядом с ним и вокруг него.

ГЛАВА 10

ПРОБЛЕМЫ И ИХ РЕШЕНИЕ СРЕДСТВАМИ ФЭНШУЙ

Фэншуй особенно замечателен тем, что ни одну проблему не считает неразрешимой. В моей практике встретился только один случай, когда я был не в силах помочь человеку: над крышей его дома проходила линия высоковольтных передач. В последнее время все чаще подтверждается тот факт, что электромагнитные поля, которые возникают вокруг подобных линий, вызывают смертельно опасные заболевания. Я посоветовал этому человеку переехать в другое место.

К счастью, такие случаи редки. Большинство из нас может нейтрализовать *ша* и улучшить гармонию и баланс среды своего обитания.

Очевидно, первое, что следует сделать, — это защититься от *ша*, направленных на вашу квартиру или дом.

Ша перемещаются только по прямым линиям, и отразить их можно разными способами. Например, если квартира находится в вашей собственности, вы можете изменить расположение входной двери, защитив ее от потенциально опасного *ша*. Это, конечно, крайняя мера, но очень эффективная в случае особенно сильного *ша*, создаваемого, скажем, большим зданием, расположенным точно напротив вашей двери.

Не столь радикальной мерой будет посадка живой изгороди, скрывающей *ша*. В *фэншуй ша* перестает существовать, когда перестает быть видимым. Деревьям или кустам требуется время, чтобы вырасти, поэтому вам понадобится зеркало *багуа*, пока *ша* не будет скрыто разросшейся зеленью. Выбирайте вечнозеленые виды растений с широкими листьями. Одиночное дерево само может стать источником *ша*, если его ветви указывают прямо на входную дверь, поэтому следует всегда сажать несколько деревьев одновременно.

Кстати, деревья, посаженные за домом, обеспечивают поддержку каждому, кто в нем живет.

Зеркало *багуа* — мощное средство из арсенала *фэншуй*. Как правило, зеркала пассивны, они относятся к *инь*. Но триграммы на зеркале *багуа* придают ему силу и делают активным, *ян*. Зеркало *багуа*, повешенное прямо над дверью, отбрасывает *ша* туда, откуда оно исходит.

В прошлом году в Гонконге я увидел любопытные украшения для дверей. Они представляли собой милую картинку в стиле *фэншуй* с горами, долинами и водными потоками. В этот рисунок, кроме того, было вставлено зеркало *багуа*, отражающее *ша*. Такие украшения очень хорошо смотрятся на входной двери, а зеркало *багуа* в них незаметно, если не присматриваться внимательно.

Оценив главный вход в здание, обследуйте вход в собственную квартиру. Очевидно, живая изгородь вам не поможет, если вы живете на седьмом этаже. Однако вы всегда можете воспользоваться зеркалом *багуа*. Повесьте его, если напротив вашей двери имеются острые углы, лифт, эскалатор или лестница, ведущая вниз.

Двери внутри самой квартиры можно использовать для улучшения *фэншуй* помещения. Вы помните, как с помощью *багуа* мы определяли восемь направлений. Направление, в котором смотрит каждая из дверей в вашей квартире, имеет особое значение. Если вы хотите извлечь выгоду из какого-то из этих направлений, вам следует почаще пользоваться соответствующей дверью и активизировать *ци*.

Дверь, обращенная на юг, относится к элементу огня и к славе. Чаще входите в эту дверь, если хотите улучшить свою репутацию и положение в обществе. Эту область можно активизировать разными способами. Можно улучшить ее освещение, повесив дополнительную лампу. Можно ввести сюда больше красного цвета, поставить растение в горшке или живые цветы.

Дверь, обращенная на юго-запад, связана с элементом земли и создает возможности для прекрасных любовных отношений. Эту область можно активизировать керамическими предметами или просто красным цветом. Одна моя знакомая, занятая поисками спутника жизни, активизировала эту зону в своем доме при помощи красной лампы. Сейчас она замужем и ждет своего первого ребенка.

Дверь, обращенная к западу, связана с элементом металла и детьми. Хорошо, если в этом направлении выходит дверь спальни детей. Ее можно активизировать металлической музыкой ветра, кристаллом или керамическими предметами.

Дверь, обращенная к северо-западу, связана с элементом металла и учителями, а также с путешествиями. Эту зону можно активизировать при помощи металлических, керамических предметов и кристаллов. Дверь, обращенная к северу, связана с элементом воды и с вашей карьерой. Если вы хотите продвинуться по службе, пользуйтесь этой дверью как можно чаще. Вы можете активизировать ее, повесив рядом металлическую музыку ветра (металл порождает воду).

Можно поставить неподалеку аквариум или небольшой декоративный фонтан.

Дверь, обращенная к северо-востоку, связана с элементом земли, а также со знаниями и обучением. Это направление очень благоприятно для дверей кабинета или детской. Его можно активизировать ярким освещением или чем-нибудь красным (огонь порождает землю). Подойдет для этой цели и керамика.

Дверь, обращенная к востоку, связана с элементом дерева, а также с семьей и близкими друзьями. Трудно найти лучшее место для двери в комнату, где собирается вся семья. Эту зону можно активизировать при помощи воды, поскольку вода питает дерево. Для этого подойдет аквариум или декоративный фонтан. Способствуют активизации этой двери и вьющиеся растения.

Дверь, обращенная на юго-восток, может принести финансовый успех тому, кто ею часто пользуется. Она связана с элементом дерева. Вы можете усилить влияние такой двери с помощью растений в горшках, живых цветов или аквариума.

Предпочтительнее дверь, открывающаяся к более просторной части комнаты. Дверь должна распахиваться полностью, становясь параллельно стене.

Двери делаются для того, чтобы ими пользовались. Если выясняется, что какой-то дверью в вашей квартире не пользуются никогда, вам следует либо взять за правило проходить через нее, либо заставить ее символически исчезнуть, повесив на нее зеркало. Двери, которыми не пользуются, приносят неудачу. Если кто-то из членов семьи уехал, и его комнатой никто не пользуется, следует раз или два в день открывать и закрывать эту дверь, чтобы она оставалась активной.

Одни комнаты в квартире могут казаться вам менее приветливыми, чем другие. Причиной этому может быть дисбаланс *инь* и *ян*. Обратите внимание на соотношение света и тени, мебели и свободного пространства, на то, равномерно ли расставлена мебель. Следует обратить внимание на баланс *инь* и *ян* во всей квартире. Наряду с шумными комнатами должны быть и более спокойные, тихие. Некоторые комнаты должны быть ярко освещены, другим необходим приглушенный свет.

Сделать квартиру гармоничной можно и при помощи принципа пяти элементов. Каждый из них связан со странами света:

юг	=	огонь
юго-запад	=	земля
запад	=	металл
северо-запад	=	металл
север	=	вода
северо-восток	=	земля
восток	=	дерево
юго-восток	=	дерево

Не забывайте об этих элементах, если вы надумаете внести изменения в те или иные помещения. Например, не следует ставить аквариум в северо-восточной и юго-западной частях комнаты, поскольку в цикле разрушения земля подавляет воду.

Осветительные приборы — мощное средство из арсенала *фэншуй*. С их помощью высветляются темные углы, в которых застаивается *ци*. У нас, например, темная передняя, и мы не выключаем здесь свет, чтобы привлечь в дом как можно больше *ци*. Яркий свет всегда привлекает *ци*. Но более чем в какое-либо другое место, важно привлекать *ци* к главному входу.

Люстры и кристаллы выполняют несколько функций сразу. Они не только имеют привлекательный вид, но еще и притягивают *ци*, распространяя его затем во все стороны. Наилучшее место для люстры — в центре квартиры, в зоне удачи. *Ци*, привлеченное люстрой, висящей в этом месте, распространится по всей квартире. Неплохое место для люстры — на юге (элемент огня), на юго-западе и северо-востоке (элемент дерева).

Зеркала — наиболее часто используемое средство из арсенала *фэншуй*. Они символически удваивают все, что в них отражается, и поэтому будут на месте в столовой. Они отражают свет и увеличивают пространство; это их свойство особенно полезно в узких прихожих.

С помощью зеркал можно символически восполнить до квадрата или прямоугольника недостающие части комнат неправильной формы. Зеркала, отражающие красивый пейзаж за окном, как бы привносят его в дом.

Единственная комната, где зеркала следует использовать с осторожностью, это спальня. Кровать не должна отражаться в зеркале, в особенности не следует вешать зеркало в ногах кровати. Традиционное обяснение этому запрету состоит в том, что человек, проснувшись ночью, может испугаться собственного отражения, приняв его за привидение. Зеркало, висящее в этом месте, кроме того, может вызвать супружеские разногласия.

Зеркала должны быть максимально большими. Маленькие зеркала символически отрезают головы или ноги тех, кто в них отражается.

При движении воздуха музыка ветра издает приятные мелодичные звуки, напоминающие вам о непрестанном движении *ци*. Очень важно, чтобы звенящие подвески музыки ветра были полыми — внутри них *ци* поднимается вверх. На Востоке музыка ветра очень популярна; считается, что она приносит владельцу удачу и процветание.

Музыку ветра изготавливают из самых разных материалов: это может быть металл, керамика, бамбук, стекло. Те, что сделаны из металла, могут быть окрашены в любой из цветов, символизирующих один из пяти элементов. Некоторые специалисты по *фэншуй* считают, что музыку ветра следует вешать только вне помещений, но большинство соглашается с тем, что она вполне уместна и в комнатах. Запад и северо-запад — хорошие направления для металлической музыки ветра, поскольку они относятся к элементу металла. Бамбуковые подвески следует размещать в восточном и юго-восточном направлениях (элемент дерева). Их можно повесить и в южной части квартиры или комнаты — дерево порождает огонь. (Однако не следует вешать металлическую музыку ветра в восточной или юго-восточной части дома, поскольку металл уничтожает дерево в цикле разрушения.)

Цветы не только оживляют помещение, но и привлекают *ци*. В квартирах лучше всего держать растения в горшках и живые цветы. Помните, что увядшие цветы — источник дурного *ци*, поэтому немедленно их выбрасывайте. Для занятых людей придутся кстати искусственные цветы. Однако их обязательно следует содержать в чистоте, чтобы и они не стали источником негативной энергии. Засушенные цветы с точки зрения *фэншуй* нежелательны, поскольку в них нет ни капли воды.

Все цветы хороши, и чем они ярче, тем лучше. Вот пять видов цветов, которым в *фэншуй* приписывается особый смысл и которые считаются особенно благоприятными.

Пион символизирует любовь, богатство и честь. Считается, что цветущие пионы привлекают богатство.

Хризантема — цветок счастья и смеха. Она символизирует комфорт и покой. Пионы и хризантемы можно особенно часто увидеть во время празднования китайского Нового года.

Белые магнолии и орхидеи символизируют женственность, хороший вкус и безмятежность.

Лотос, священный цветок буддистов, символизирует чистоту. Это не случайно, поскольку прекрасный лотос поднимается из донного ила и победно пробивается вверх над водной гладью.

Любые растения являются источником *ци* и способствуют привнесению гармонии в дом. Наилучшее место для них — в восточной, юго-восточной или северной частях дома, связанных с элементами дерева и воды.

При помощи растений можно нейтрализовать *ша*, создаваемые острыми углами. В доме моих друзей вьющееся растение обвивает квадратную колонну у входа в гостиную. Само растение очень приятно на вид, и в то же время оно скрывает потенциальное *ша*.

Аквариумы и миниатюрные декоративные фонтаны не только украшают комнату, но и повышают благосостояние живущих в квартире. Вода символизирует богатство и изобилие. Медленно текущая вода создает настроение спокойствия и безмятежности. Однако не следует использовать подобные украшения в южной части дома, поскольку вода и огонь не ладят друг с другом. В то же время аквариум или фонтан в северной части квартиры будут способствовать вашему продвижению по службе. Запад и северо-запад — неплохие места для воды, поскольку металл порождает воду. Восток и юго-восток тоже подойдут, поскольку вода порождает дерево.

Широко используются в *фэншуй* и изображения животных из камня, металла, керамики и стекла. Агрессивных животных — львов, тигров и хищных птиц, как правило, размещают снаружи, чтобы обеспечить дому символическую защиту. Именно поэтому мы часто видим у входа в здание львов по сторонам главного входа. В самом доме чаще встречаются изображения черепах и кроликов. (Черепаха символизирует долголетие, а кролик — плодовитость.) У моей матери есть коллекция фарфоровых цыплят. Фигурки маленьких животных очень забавны, а кроме того, они обеспечивают дому защиту.

ГЛАВА 11

ЗАКЛЮЧЕНИЕ

Цель *фэншуй* — привнести в вашу жизнь гармонию и равновесие. Вы неповторимы. Такого дома, как у вас, нет ни у кого. Ваша квартира может быть типовой, но вы привносите в свой дом индивидуальность. То, как вы расставили мебель, какие украшения выбрали, количество свежего воздуха и света в комнатах отличают ваше жилище от любого другого.

Быть может, вы полностью довольны своей квартирой. Быть может, вы хотите изменить в ней какие-то мелочи, но в общем и целом вы ею удовлетворены.

Однако, применив *фэншуй* для «тонкой настройки» пространства, вы можете еще больше полюбить свой дом. После этой настройки вы почувствуете, что во всех областях вашей жизни произошли положительные изменения, поскольку гармония вашего дома будет сопровождать вас повсюду.

Не спешите с переменами. Лучше всего производить по одному изменению за раз. Так вы сможете заметить, что именно изменилось после той или иной корректировки пространства. Через несколько недель произведите следующее изменение. Еще через несколько — следующее. Это поможет вам увидеть, как именно действует *фэншуй*.

Теперь вы будете иначе смотреть на пространство. Ваши отношения со всем, что вас окружает, изменятся к лучшему. По мере того, как вы будете учиться наполнять свой мир благотворным живительным *ци*, в вашей жизни будут происходить множество таинственных перемен.

Воспользуйтесь этой животворящей энергией *ци*. Сотворите с ее помощью жизнь, которая вам по душе.

ПРИЛОЖЕНИЕ 1

ЛИЧНЫЕ ТРИГРАММЫ, ОПРЕДЕЛЯЕМЫЕ ГОДОМ РОЖДЕНИЯ

Цянь

Мужчины: 1913, 1922, 1931, 1940, 1949, 1958, 1967, 1976, 1985, 1994

Женщины: 1919, 1928, 1937, 1946, 1955, 1964, 1973, 1982, 1991

Дуй

Мужчины: 1912, 1921, 1930, 1939, 1948, 1957, 1966, 1975, 1984, 1993

Женщины: 1911, 1920, 1929, 1938, 1947, 1956, 1965, 1974, 1983, 1992

Ли

Мужчины: 1910, 1919, 1928, 1937, 1946, 1955, 1964, 1973, 1982, 1991

Женщины: 1913, 1922, 1931, 1930, 1949, 1958, 1967, 1976, 1985, 1994

ФЭНШУЙ ДЛЯ ГОРОДСКОЙ КВАРТИРЫ

Чжэнь

Мужчины: 1916, 1925, 1934, 1943, 1952, 1961, 1970, 1979, 1988, 1997

Женщины: 1916, 1925, 1934, 1943, 1952, 1961, 1970, 1979, 1988, 1997

Сюнь

Мужчины: 1915, 1924, 1933, 1942, 1951, 1960, 1969, 1978, 1987, 1996

Женщины: 1917, 1926, 1935, 1944, 1953, 1962, 1971, 1980, 1989, 1998

Кань

Мужчины: 1918, 1927, 1936, 1945, 1954, 1963, 1972, 1981, 1990, 1999

Женщины: 1914, 1923, 1932, 1941, 1950, 1959, 1968, 1977, 1986, 1995

Гэнь

Мужчины: 1911, 1920, 1929, 1938, 1947, 1956, 1965, 1974, 1983, 1992

Женщины: 1918, 1921, 1927, 1930, 1936, 1939, 1945, 1948, 1954, 1957, 1963, 1966, 1972, 1975, 1981, 1984, 1990, 1993, 1999

Кунь

Мужчины: 1914, 1917, 1923, 1926, 1932, 1935, 1941, 1944, 1950, 1953, 1959, 1962, 1968, 1971, 1977, 1980, 1986, 1989

Женщины: 1915, 1924, 1933, 1942, 1951, 1960, 1969, 1978, 1987, 1996

ПРИЛОЖЕНИЕ 2

СЛОВАРЬ

Багуа — нередко можно увидеть в китайских домах, магазинах и учреждениях. Это восьмиугольник обычно с символом инь-ян или зеркалом в центре. По краям расположены восемь триграмм *Ицзин*.

Инь и ян — представляют противоположные начала в даосской философии. Примерами инь и ян могут служить день и ночь, женское и мужское, тепло и холод. Ян — мужское, инь — женское. Одно не может существовать без другого. Изначально этими понятиями обозначали два склона холма. Инь — теневую и холодную, ян — солнечную, южную.

Магический квадрат — представляет собой квадрат, разбитый на девять секторов, в которых числа расставлены таким образом, что сумма в любом ряду по горизонтали, вертикали или диагонали равна 15. Этот квадрат был начертан на панцире черепахи, давшей рождение фэншуй, китайской астрологии, *Ицзин* и китайской нумерологии.

Музыка ветра — подвески, издающие звон при колебании воздуха. Состоят из стержней или трубок разной длины, сделанных из металла, керамики или дерева.

Пять элементов — древние китайцы считали, что все в мире образовано пятью основными элементами: деревом, огнем, землей, металлом и водой. Каждый из них обладает определенными характеристиками, и их сочетания играют в фэншуй важную роль. Китайская астрология также использует понятия пяти элементов и утверждает, что каждый человек в той или иной степени наделен характеристиками всех пяти элементов.

Средства фэншуй — или корректирующие средства, представляют собой различные методы нейтрализации негативного воздействия ша или дисбаланса пяти элементов. Например, таким средством будет живая изгородь, предназначенная для блокирования ша, которое создается прямой дорогой перед вашим домом.

Триграммы — восемь возможных комбинаций непрерывных и прерывистых линий, сгруппированных по три. Непрерывные линии — ян, они символизируют мужские энергии. Прерывистые линии — инь, они символизируют женское начало. Восемь триграмм представляют восемь направлений компаса и соотносятся с домами, обращенными фасадом в соответствующую сторону.

Фэншуй — буквально это слово означает «ветер и вода». Это искусство жить в гармонии с природой, искусство, обеспечивающее счастье, удовлетворение и изобилие. На Востоке фэншуй практикуют уже пять тысяч лет. Сейчас он распространяется по миру и становится все более популярным.

Ци — это универсальная жизненная сила, присутствующая в каждом живом существе. В фэншуй его часто называют «дыханием дракона». Ци привлекают в дом, чтобы его обитатели были здоровы, счастливы и удачливы.

Цикл порождения — пять элементов китайской астрологии могут быть организованы по-разному. В цикле порождения они организованы таким образом, что каждый предудыщий создает и поддерживает последующий. Огонь создает землю, земля создает металл, металл становится жидким (символически это означает создание воды), вода питает и создает дерево, дерево горит и создает огонь.

Цикл разрушения — пять элементов китайской астрологии могут быть организованы по-разному. В цикле разрушения они организованы таким образом, что каждый предыдущий подавляет и уничтожает каждый последующий элемент. В цикле разрушения огонь плавит металл, металл уничтожает дерево, дерево питается соками земли, земля препятствует течению воды, вода гасит огонь.

Четыре восточных дома — багуа указывает в восьми направлениях, подразделяющихся на две группы:

четыре восточных дома и четыре западных дома. Четыре восточных дома содержат триграммы Ли (юг), Кань (север), Чжэнь (восток), Сюнь (юго-восток). Если задняя дверь вашего жилища выходит в одно из этих направлений, то ваша квартира принадлежит к четырем восточным домам.

Четыре западных дома — багуа указывает в восьми направлениях, подразделяющихся на две группы: четыре восточных дома и четыре западных дома. Четыре западных дома — это Цянь (северо-запад), Кунь (юго-запад), Гэнь (северо-восток), Дуй (запад). Если задняя дверь вашего жилища выходит в одно из этих направлений, то ваша квартира принадлежит к четырем западным домам.

Ша — или «отравленные стрелы», это негативные энергии, перемещающиеся по прямым траекториям. Длинный прямой коридор в доме создает ша, как и острый угол соседского дома, направленный на ваш дом. Практически против всех ша в фэншуй существуют корректирующие средства.

Школа компаса — в фэншуй существует две основные школы. Школа компаса использует при определении наилучшего расположения дома дату рождения данного лица и компас.

Школа форм — это исходная школа фэншуй. В ней рассматриваются ландшафт и географическое расположение места, а также оценивается количество и качество доступной в данном месте ци

ПРИЛОЖЕНИЕ 3

ЭЛЕМЕНТЫ И ЗНАКИ НА ГОДЫ ОТ 1900 ДО 2000

Элемент	Знак	Год
Металл	Крыса	Янв. 31, 1900 по февр. 18, 1901
Металл	Бык	Февр. 19, 1901 по февр. 07, 1902
Вода	Тигр	Февр. 08, 1902 по янв. 28, 1903
Вода	Кролик	Янв. 29, 1903 по февр. 15, 1904
Дерево	Дракон	Февр. 16, 1904 по февр. 03, 1905
Дерево	Змея	Февр. 04, 1905 по янв. 24, 1906
Огонь	Лошадь	Янв. 25, 1906 по февр. 12, 1907
Огонь	Баран	Февр. 13, 1907 по февр. 01, 1908
Земля	Обезьяна	Февр. 02, 1908 по янв. 21, 1909
Земля	Петух	Янв. 22, 1909 по февр. 09, 1910
Металл	Собака	Февр. 10, 1910 по янв. 29, 1911

Металл	Кабан	Янв. 30, 1911 по февр. 17, 1912
Вода	Крыса	Февр. 18, 1912 по февр. 05, 1913
Вода	Бык	Февр. 06, 1913 по янв. 25, 1914
Дерево	Тигр	Янв. 26, 1914 по февр. 13, 1915
Дерево	Кролик	Февр. 14, 1915 по февр. 02, 1916
Огонь	Дракон	Февр. 03, 1916 по янв. 22, 1917
Огонь	Змея	Янв. 23, 1917 по февр. 10, 1918
Земля	Лошадь	Февр. 11, 1918 по янв. 31, 1919
Земля	Баран	Февр. 01, 1919 по февр. 19, 1920
Металл	Обезьяна	Февр. 20, 1920 по февр. 07, 1921
Металл	Петух	Февр. 08, 1921 по янв. 27, 1922
Вода	Собака	Янв. 28, 1922 по февр. 15, 1923
Вода	Кабан	Февр. 16, 1923 по февр. 04, 1924
Дерево	Крыса	Февр. 05, 1924 по янв. 24, 1925
Дерево	Бык	Янв. 25, 1925 по февр. 12, 1926
Огонь	Тигр	Февр. 13, 1926 по февр. 01, 1927
Огонь	Кролик	Февр. 02, 1927 по янв. 22, 1928
Земля	Дракон	Янв. 23, 1928 по февр. 09, 1929
Земля	Змея	Февр. 10, 1929 по янв. 29, 1930
Металл	Лошадь	Янв. 30, 1930 по февр. 16, 1931
Металл	Баран	Февр. 17, 1931 по февр. 05, 193
Вода	Обезьяна	Февр. 06, 1932 по янв. 25, 1933
Вода	Петух	Янв. 26, 1933 по февр. 13, 1934
Дерево	Собака	Февр. 14, 1934 по февр. 03, 193

Дерево	Кабан	Февр. 04, 1935 по янв. 23, 1936
Огонь	Крыса	Янв. 24, 1936 по февр. 10, 1937
Огонь	Бык	Февр. 11, 1937 по февр. 30, 1938
Земля	Тигр	Янв. 31, 1938 по февр. 18, 1939
Земля	Кролик	Февр. 19, 1939 по февр. 07, 1940
Металл	Дракон	Февр. 08, 1940 по янв. 26, 1941
Металл	Змея	Янв. 27, 1941 по февр. 14, 1942
Вода	Лошадь	Февр. 15, 1942 по февр. 04, 1943
Вода	Баран	Февр. 05, 1943 по янв. 24, 1944
Дерево	Обезьяна	Янв. 25, 1944 по февр. 12, 1945
Дерево	Петух	Февр. 13, 1945 по февр. 01, 1946
Огонь	Собака	Февр. 02, 1946 по янв. 21, 1947
Огонь	Кабан	Янв. 22, 1947 по февр. 09, 1948
Земля	Крыса	Февр. 10, 1948 по янв. 28, 1949
Земля	Бык	Янв. 29, 1949 по февр. 16, 1950
Металл	Тигр	Февр. 17, 1950 по февр. 05, 1951
Металл	Кролик	Февр. 06, 1951 по янв. 26, 1952
Вода	Дракон	Янв. 27, 1952 по февр. 13, 1953
Вода	Змея	Февр. 14, 1953 по февр. 02, 1954
Дерево	Лошадь	Февр. 03, 1954 по янв. 23, 1955
Дерево	Баран	Янв. 24, 1955 по февр 11, 1956
Огонь	Обезьяна	Февр. 12, 1956 по янв. 30, 1957
Огонь	Петух	Янв. 31, 1957 по февр. 17, 1958
Земля	Собака	Февр. 18, 1958 по февр. 07, 1959

ПРИЛОЖЕНИЕ 3

Земля	Кабан	Февр. 08, 1959 по янв. 27, 1960
Металл	Крыса	Янв. 28, 1960 по февр. 14, 1961
Металл	Бык	Февр. 15, 1961 по февр. 04, 1962
Вода	Тигр	Февр. 05, 1962 по янв. 24, 1963
Вода	Кролик	Янв. 25, 1963 по февр. 12, 1964
Дерево	Дракон	Февр. 13, 1964 по февр. 01, 1965
Дерево	Змея	Февр. 02, 1965 по янв. 20, 1966
Огонь	Лошадь	Янв. 21, 1966 по февр. 08, 1967
Огонь	Баран	Февр. 09, 1967 по янв. 29, 1968
Земля	Обезьяна	Янв. 30, 1968 по февр. 16, 1969
Земля	Петух	Февр. 17, 1969 по февр. 05, 1970
Металл	Собака	Февр. 06, 1970 по янв. 26, 1971
Металл	Кабан	Янв. 27, 1971 по янв. 15, 1972
Вода	Крыса	Янв. 16, 1972 по февр. 02, 1973
Вода	Бык	Февр. 03, 1973 по янв. 22, 1974
Дерево	Тигр	Янв. 23, 1974 по февр. 10, 1975
Дерево	Кролик	Февр. 11, 1975 по янв. 30, 1976
Огонь	Дракон	Янв. 31, 1976 по февр. 17, 1977
Огонь	Змея	Февр. 18, 1977 по февр. 06, 1978
Земля	Лошадь	Февр. 07, 1978 по янв. 27, 1979
Земля	Баран	Янв. 28, 1979 по февр. 15, 1980
Металл	Обезьяна	Февр. 16, 1980 по февр. 04, 1981
Металл	Петух	Февр. 05, 1981 по янв. 24, 1982
Вода	Собака	Янв. 25, 1982 по февр. 12, 1983

Вода	Кабан	Февр. 13, 1983 по февр. 01, 1984
Дерево	Крыса	Февр. 02, 1984 по февр. 19, 1985
Дерево	Бык	Февр. 20, 1985 по февр. 08, 1986
Огонь	Тигр	Февр. 09, 1986 по янв. 28, 1987
Огонь	Кролик	Янв. 29, 1987 по февр. 16, 1988
Земля	Дракон	Февр. 17, 1988 по февр. 05, 1989
Земля	Змея	Февр. 06, 1989 по янв. 26, 1990
Металл	Лошадь	Янв. 27, 1990 по февр. 14, 1991
Металл	Баран	Февр. 15, 1991 по февр. 03, 1992
Вода	Обезьяна	Февр. 04, 1992 по янв. 22, 1993
Вода	Петух	Янв. 23, 1993 по февр. 09, 1994
Дерево	Собака	Февр. 10, 1994 по янв. 30, 1995
Дерево	Кабан	Янв. 31, 1995 по февр. 18, 1996
Огонь	Крыса	Февр. 19, 1996 по февр. 06, 1997
Огонь	Бык	Февр. 07, 1997 по янв. 27, 1998
Земля	Тигр	Янв. 28, 1998 по февр. 15, 1999
Земля	Кролик	Февр. 16, 1999 по февр. 04, 2000
Металл	Дракон	Февр. 05, 2000

ПРИЛОЖЕНИЕ 3

ОГЛАВЛЕНИЕ

Введение 5

Глава 1. Что такое фэншуй? 10

Глава 2. Выбор дома 29

Глава 3. Ваше счастливое направление 39

Глава 4. В квартире 52

Глава 5. Позитивные и негативные места 58

Глава 6. Отдельные комнаты 85

Глава 7. Квартиры-студии 99

Глава 8. Оценка по фэншуй 107

Глава 9. Расстановка мебели 127

Глава 10. Проблемы и их решение средствами фэншуй 134

Глава 11. Заключение 145

Приложение 1
Личные триграммы, определяемые годом рождения 147

Приложение 2
Словарь 149

Приложение 3
Элементы и знаки на годы от 1900 до 2000 153

Вебстер, Ричард
В 28 Фэншуй для городской квартиры/Пер. с англ.
П. Перлина. — СПб.: издательство «Тимошка»,
2000.— 160 с.
ISBN 5-88801-098-7

Фэншуй (в переводе с китайского — «ветер и вода») — это древнее китайское искусство жить в гармонии с природой. Принципы *фэншуй* были открыты около пяти тысяч лет назад и повлияли на все стороны китайской культуры и цивилизации. В последние десятилетия эти принципы стали распространятся и на Западе. Все большее число людей организует свою среду в соответствии с рекомендациями *фэншуй* и отмечает перемены к лучшему.

Квартира, организованная по законам *фэншуй*, принесет вам мир, покой, здоровье и благосостояние.

ББК 88.6

Редактор Г. А. Крылов
Корректор Л. А. Макеева

Ричард Вебстер
Фэншуй для городской квартиры

Гигиеническое заключение
№ 78.01.07.952.Т.12325.02.99. от 08.02.99.

ЛП № 000003 от 27 июля 1998 г.

Подписано в печать 19.10.99 г. Формат 84х108^1/$_{32}$.
Печ. л. 5. Заказ № 708.

Издательство **«Тимошка»**,
196066, Санкт-Петербург, ул. Типанова, д. 4.

Отпечатано с готовых диапозитивов
в ГИПК «Лениздат» (типография им. Володарского)
Министерства РФ по делам печати, телерадиовещания
и средств массовых коммуникаций.
191023, Санкт-Петербург, наб. р. Фонтанки, 59.

Международный Форум Фэн Шуй

объединение профессиональных консультантов искусства Фэн Шуй.

Представлен в 21 стране мира.

Руководитель Лотар Байер (Lothar Baier), Германия.

Форум предлагает квалифицированные консультации специалистов Фэн Шуй:

От выбора оптимальной планировки помещений
До улучшения Фэн Шуй уже существующих жилых и рабочих помещений;

Участники Форума регулярно проводят курсы для начинающих и продолжающих;

Представительство:
в Германии: 0049-1805-240888
http://www.feng-shui-forum.de
в России: Москва: (095) 432-1373
Санкт-Петербург: (812) 173-7315 (812) 172-4934
http://home.comset.net/forumfs
E-mail: FengShui@mail.ru
          ForumFS@comset.net